SO GEHT KLIMASCHUTZ

SO GEHT KLIMASCHUTZ

50 TIPPS WIE SIE EINSTEIGEN, MITMACHEN UND HELFEN KÖNNEN

GERD PFITZENMAIER

ELLERT & RICHTER VERLAG

TIPPS 29–38

TIPPS 39–45

TIPPS 46–50

D LEXIKON

ERKENNEN

Kein Fleisch, kein Flugzeug, dafür kälter Duschen, im Sattel eines Drahtesels kräftig strampeln, statt sich bequem mit etlichen Pferdestärken durch die Stadt oder übers Land kutschieren zu lassen und dabei immer und beständig den persönlichen CO_2-Fußabdruck kalkulieren ... Auf jeden Fall sollten wir versuchen, diesen Gradmesser für unsere Klima-Last zu minimieren – so lauten die Auf- und Vorgaben, denen sich umwelt- und klimabewusste Menschen stellen sollten. Viele Bürger erklären es zur ersten Pflicht, ihr persönliches Leben soweit umzumodeln – manche meinen: einzuschränken –, dass dadurch kein zusätzliches Kohlendioxid mehr in die Luft gerät. Nur so könne, argumentieren diese überzeugten und erprobten Recken im Klimaschutz, langfristig das zur Katastrophe mutierte Erbe des Industriezeitalters wieder auf ein zukunftsfähiges Maß für den Planeten zurückgestutzt werden.

Allein: Das widerstrebt unserem persönlichen Lustempfinden!

Mal ehrlich und die Hand aufs Herz: Wer lässt sich unter solchen Vorgaben hinterm Ofen hervorlocken, um aktiver Klimaschützer oder engagierte Klimaschützerin zu werden? Will sich jemand persönlich solche Mühen aufbürden und solchen Strapazen unterziehen, um das Klima der Erde zu schützen?

Auf den ersten Blick dürfte die Antwort meist recht eindeutig ausfallen: So macht Klimaschutz kaum Freude!

Klimaschutz erscheint vielen Menschen ziemlich kompliziert. Die Aufgabe klingt gewaltig. Allzu komplex sind die vielen Verknüpfungen und Verwicklungen, an die wir dabei stetig denken müssen.

Zum Beispiel: Wenn uns klar wird, dass selbst scheinbar gute Ansätze wie etwa die Ablösung stinkender und die Luft verpestender Verbrennungsmotoren im Automobil durch Elektroantriebe am Ende für neue Probleme sorgen, weil für ihre Motoren in Südamerika ganze Regionen umgegraben werden[1]. Denn nur so können Bergbau-Unternehmen das Lithium für die dringend benötigten Batterien schürfen. Zweites Manko: Zudem ist der „ökologische Fußabdruck" eines E-Cars erst nach vielen Zigtausenden gefahrener Kilometer tatsächlich kleiner als jener eines konventionellen Autos mit Verbrennungsmotor[2].

Oder: Wenn Vogelschützer die viel gelobte, weil ja regenerative Windkraft für den Tod vieler ihrer gefiederten Schützlinge anprangern.

Wie auch immer: Derlei mitunter auch komplizierte Argumentationsketten schrecken viele Interessierte, die eigentlich zum Klimaschutz-Engagement bereit wären, erst einmal eher ab.

Und ohnehin: Was können wir als einzelne Bewohner des Planeten Erde denn schon daran ändern, dass sich die Atmosphäre um den Globus immer mehr und immer schneller aufheizt? Sollen wir aufhören zu atmen, weil damit jedes Mal CO_2 in die Luft gerät?

Gegenzusteuern wäre wichtig, aber dafür gibt es doch, so scheint es, ganz andere Stellschrauben: Zuallererst müssten doch wohl die richtig dicken Schlote weniger qualmen. Was hilft es, wenn der einzelne Mensch anders isst oder anders reist? Was nützt es, wenn ein Einzelner aufhört, jeder aktuellen Mode hinterherzuhecheln, wenn er nur noch energiesparende Geräte benutzt oder sich für eine artenreichere Landschaft einsetzt? Das alles allein kann jedoch den Planeten kaum wirklich retten, wenn er unter zunehmender Überhitzung ächzt.

Gefordert sind eher „die da oben", die „Entscheider" in Politik und Wirtschaft. Sie sind es doch, die die Macht zum Gegensteuern haben. Sie können die weit größeren Hebel umlegen und damit eine Richtungsänderung beeinflussen. Ebenso und eben deshalb urteilen ja auch die obersten Richter der Republik: Die Verfassungshüter haben im Frühjahr 2021 allen Politikerinnen und Politikern in Deutschland die Leviten gelesen und sie explizit zu mehr und deutlich größeren Anstrengungen beim Klimaschutz verdonnert. Die Reaktionen darauf waren typisch: Plötzlich gaben sich alle im Parlament – es nahte ja auch ein Wahlkampf – als überzeugte Klimaschützer. Dass sie allzu lange gezögert hatten, wahren Klimaschutz in Gesetze zu kleiden, verschwiegen sie dabei lieber.

Freilich gilt bei alldem: Es geht natürlich keineswegs um „die Rettung" unseres Planeten. Der Erde ist es völlig egal, ob sich auf ihr Menschen tummeln oder nicht. Sie hat im Laufe der vier Milliarden Jahre seit dem Urknall schon viele Höhen und Tiefen überstanden. Sie hat schon Klimawechsel von weit heftigerem Ausmaß überlebt als jenen, den dieses Mal wir angezettelt haben. Immer wieder starben Arten auf ihr aus – und neue machten sich breit. In seinem Bestseller „Die Welt ohne uns" beschreibt Alan Weisman das Szenario[3]: ein Planet, den der Mensch verließ, regeneriert sich allmählich von den vielen Wunden, die ihm *Homo sapiens* beifügte. Auf ihm sprießt vielfältig neues Leben. Selbst einen Klimawandel steckt der durchs All rasende Brocken weg – wie er es schon immer gemacht hat: Er lässt Neues blühen. Ohne uns. Denn die Erde braucht uns nicht.

Aber wir brauchen die Erde. Menschen brauchen den gemäßigten Wechsel der Jahreszeiten, damit sie ihre Lebensmittel erzeugen können. Sie brauchen die Ozeane, brauchen die Wälder, die ihnen Rückzugsorte und saubere Luft liefern. Nicht der Planet braucht die Menschen – wir sind es, die auf dieser Erde nur deshalb existieren können, weil wir nur in dieser Umgebung und unter dem Schutz dieser Atmosphäre überleben. Trotzdem gilt wohl für die meisten Bürgerinnen und Bürger im Land: Was – wie Klimaschutz – nur anstrengt, aber kaum Freude bereitet, das unterstützt kaum jemand freiwillig.

Es geht also um ein ziemlich ernüchterndes Unterfangen. Wir wagen es dennoch – und fordern alle Leserinnen und Leser zum Mitmachen auf!

Zu wenige nämlich woll(t)en bislang selbst mitmischen. Zu zögerlich bringen sie sich ein. Zu oft verkriechen sie sich hinter allerlei Ausflüchten, anstatt selbstbewusst aufzustehen und wie die jungen Demonstrantinnen und Demonstranten von *Fridays for Future* die Zügel selbst in die Hand zu nehmen. Die machen es vor: Klimaschutz geht uns alle an. Sie streifen die Lethargie ab, sie folgen dem Beispiel der Schwedin Greta Thunberg, die unerschrocken dafür einsteht, wovon sie überzeugt ist: Greta sagt ihre Sicht der Dinge, sie schreckt auch vor großen Namen ihrer inzwischen vielen Zuhörer nicht im Mindesten zurück. Sie kann Vorbild sein. Nur wenn alle den Ernst der Situation – endlich – erkennen, können wir mithelfen, die Lage zu verbessern.

Das bedeutet, aktiv zu sein und den Aufwand, den Klimaschutz manchmal mit sich bringt, zu schultern. Das meint, nicht klein beizugeben, wenn es auch einmal anstrengt. Das erfordert, bereit sein zum Lernen und zur Mitwirkung – und zur Tat. Weil es sich lohnt – für jede(n) Einzelne(n) von uns und für alle Bewohner dieses Planeten inklusive der Pflanzen und Tiere.

Beim Klimaschutz zeigt sich wie in vielen anderen Bereichen des menschlichen Daseins, dass „gut gemeint" und „gut gemacht" zwei unterschiedliche Seiten derselben Medaille sind. Für dieses Missverhältnis von Anspruch und Wirklichkeit geben Psychologen eine einleuchtende Erklärung. Wir Menschen sind ambivalente Wesen. Wir alle kennen die Kluft zwischen dem Erfordernis und unserem Vermögen. Immer, wenn Demoskopen fragen, ob wir Müll trennen, mehr Fahrrad als Auto fahren, ob wir ökologisch angebaute Lebensmittel kaufen, sie kochen und verzehren oder unsere Freizeit gerne in der Natur genießen, dann ernten sie begeisternde Zustimmung. „Na klar, da sind wir alle dabei!" Zahlreiche demoskopische Studien können dies bezeugen. Applaus für das umwelt- und klimabewusste Engagement ist den Wissenschaftlern, die uns ob unseren Einstellungen zu den Themen oder unseres sozialen Engagements aushorchen, stets sicher.

Aber dieser Beifall ist verfrüht: Genauso groß nämlich ist meist die Ernüchterung. Sie folgt stets umgehend nach der Auswertung der Erhebungen. Wenn die Fragesteller konkret überprüfen, wie viele günstige Discounter-Produkte statt Bioware wir im Küchenschrank bunkern, wie viele PS unser Automobil (natürlich noch mit Verbrennungsmotor) auf der Piste beschleunigen oder ob wir den jüngsten Urlaub doch lieber auf Mallorca statt am Bodensee verbracht haben, dann entdecken sie, dass Anspruch und Wirklichkeit zwei unterschiedliche Welten beschreiben. Ein gutes Beispiel für solches (Fehl-)Verhalten liefert, wer im SUV zum Einkauf beim Bioladen ums Eck fährt.

Dann müssen wir erkennen und kleinlaut einräumen, dass alle noch so gute Absicht allein selten reicht, um ein wahrer Klimaschützer zu sein. Wir müssen das Wollen und unseren Willen stützen und ergänzen mit den nötigen Informationen. So erlangen wir Kenntnis dessen, was wir tun sollten. Erst dies erlaubt ein bewusstes Handeln, das wir uns und anderen vorleben und unser Agieren erklären können.

Erst dann gelingt Klimaschutz.

Der erhobene Zeigefinger eines Lehrers Lämpel hat schon weiland Max und Moritz nicht auf der Schulbank gehalten, sondern eher auf die Palme getrieben. Heutzutage setzen Pädagogen und Psychologen auf subtilere Methoden, um Menschen zu einem wünschenswerten Verhalten anzuleiten. Sie lenken ohne Zwang. Sie meiden Verbote. Sie dirigieren durch bloßes „Anstupsen".

Viel weniger Widerstand sei zu erwarten, beschreibt die Methode die *Bundeszentrale für Politische Bildung (bpb)* auf ihrer Webseite, „wenn mit vorbereiteten Angebotsstrukturen Entscheidungen und Handlungen der Bürgerinnen und Bürger so ‚angestoßen' werden, dass weder sie noch der politische Gegner das merken und schlichtweg tun, was man von ihnen verlangt."[4]

Das klingt nach perfider Manipulation. Und auch gar nicht so ganz zu Unrecht, wenn wir die Quelle dessen kennen, was die Psychologie seit über einem Jahrzehnt als ‚Nudging' zur gezielten Steuerung des Verhaltens von Probanden nutzt. Die Grundlagen hierfür hat – wie könnte es anders sein – ein Mann der Wirtschaft gelegt: Richard Thaler erkannte gemeinsam mit seinem Co-Autor, dem Juristen Cass Sunstein, wie prächtig kleine (Denk-)Anstöße (englisch: nudges) ihre gewünschte Wirkung entfalten. Damit versuchten die beiden vor allem Verbraucher zu beeinflussen – manche sagen: zu dirigieren. Diese Konsumenten sollten, so die Absicht der Forscher, bestimmte Produkte kaufen, dafür aber andere verschmähen und im Regal stehen lassen. Als zielgenaue Methode, um dies zu erreichen, empfahlen sie etwa die Platzierung der Produkte auf Augenhöhe.

Das funktioniere am trefflichsten, schrieben Thaler und Sunstein 2008 in ihrem Werk *Nudge: Improving De-*

cisions About Health, Wealth, and Happiness, wenn dabei auf Regeln und Verbote verzichtet werde. Sie entwarfen dafür eine „Formel, mit der man andere dazu bewegt, die richtigen Entscheidungen zu treffen"[5], so offen fasst der Klappentext zur deutschen Ausgabe ihres Werkes den Effekt des ‚Nudging' zusammen: Der richtige Anstoß bringt den gewünschten Erfolg quasi von ganz allein.

Thaler und Sunstein gehen beim ‚Nudging' davon aus, dass es nicht, wie Wirtschaftstheoretiker weltweit als Triebfeder und Motor von Fortschritt und Entwicklung vermuten, der berechnende *Homo Oeconomicus* ist, der die menschlichen Entscheidungen treffe, getrieben vom Eigennutz und getreu den Regeln des Wettbewerbs. Sie setzen daher eher auf „sanfte" Hinweise. Etwa wirkten drastische Bilder auf Zigarettenschachteln, die vor Lungenerkrankungen warnen, besser als wortreiche Erklärungen.

Derlei Instrumente der Lenkung seien viel sinnvoller und zielführender, erkannten Thaler und Sunstein. Zeigefinger und Verbotsschilder, die den Verzehr von allzu Süßem oder Salzigem verhindern sollen, erzielen weit weniger Erfolg als der kleine Stups. Der nämlich versetzt Probanden in den Glauben, sie hätten ganz aus sich selbst heraus die richtige Entscheidung getroffen. Das wirkt wahre Wunder.

Die Methode der „sanften" Steuerung funktioniert vermutlich dann am besten, wenn sich die Angesprochenen emotional berührt fühlen. Sie sollten dabei das Gefühl haben, sich freiwillig entscheiden zu können. ‚Nudging' setzt gerade nicht auf starre Verhaltensmuster, sondern darauf, sie bewusst zu durchbrechen[6].

Die britische Regierung konnten Thaler und Sunstein von ihren Erkenntnissen schon überzeugen: London hat bereits vor Jahren eine eigene Kommission eingesetzt, die solche ‚Nudges' als Mittel der Politik überprüfen und bewerten soll.

Umweltpsychologen ist schon länger klar, dass die Hürden für einen Einstieg ins Mitmachen so niedrig wie irgend möglich sein sollten. Die Messlatte, die Einsteiger in den Klimaschutz überspringen sollen, muss also – auch in diesem Buch – möglichst niedrig hängen. Also: Packen wir's an!

Keine Angst. Auch wenn die Aufgabe jetzt manchen noch (zu) überwältigend erscheint: Klimaschutz ist machbar – für alle. Vor allem: Wenn alle mitziehen. Verzagen Sie nicht: Es mag sein, dass am Beginn (noch) die Furcht überwiegt, den Wald vor lauter Bäumen nicht zu erkennen. Zu viele Dinge müssen wir bedenken. Wo beginnen und womit?

Das Wichtigste ist: Starten wir damit! Am allerbesten: sofort!

Wenn wir dem Klimawandel nicht endlich mit allen Mitteln und Möglichkeiten, die uns Wissenschaft und Technik, aber auch Kunst und Philosophie zur Verfügung stellen, entschlossen entgegentreten, macht diese Umwälzung unser Weiterleben auf der Erde unerträglich.

Das klingt nach einer wahren Mammutaufgabe. „Ziele dürfen nie überfordern. Unrealistische Ziele führen zum Misserfolg", warnen Motivationstrainer. Damit meinen sie jedoch mitnichten, dass wir uns nicht zutrauen sollten, auch gewagte Unternehmungen zu starten. Vielmehr raten sie nach dem Motto „wer nicht wagt, kann nie gewinnen", dass der beste Garant für das Erreichen eines Ziels die Überzeugung sei, das Richtige zu tun. Wer sich auf den Weg macht, einen „erstrebenswerten Punkt in der Zukunft" zu finden, hält sich sozusagen die schmackhafte Möhre vor die Schnauze – ein durchaus probates Mittel, das manch störrischen Esel zum Weitertraben auf dem richtigen Weg verleitet.

Und darum, das Richtige zu tun, geht es beim Klimaschutz durchaus.

1. Klimaschutz ist zugleich Artenschutz.

Ohne die Erhaltung einer vielfältigen Biodiversität ist er nicht denkbar. Das Zusammenwirken im verzweigten Netz der unterschiedlichen Ökosysteme erst garantiert die Widerstandskraft, die den Fortbestand des Lebens sichert. Dabei geht es um weit mehr als nur den Erhalt unserer Wälder. Bäume speichern, solange sie gesund sind und wachsen, überschüssiges Kohlendioxid aus der Luft. Wie alle anderen Pflanzen brauchen sie das Gas – wie Menschen und Tiere den Sauerstoff –, um zu leben. Sie speichern den Kohlenstoff aus dem CO_2 in ihrem Holz und binden ihn so lange, bis sie irgendwann einmal wieder absterben und danach verrotten. Deshalb auch ist der Frevel, wenn wir große Wälder – wie am Amazonas oder in Südostasien – abholzen, ein doppelter. Dann nämlich vernichten wir einen großen CO_2-Speicher und setzen durch das Verbrennen der Stämme oder mit dem Verrotten der Äste und Blätter zusätzlich Kohlendioxid frei.

Auch die Böden unter unseren Äckern und Viehweiden speichern CO_2. Je gesünder der Grund ist, je weniger er mit Kunstdünger und Pestiziden traktiert wird, desto mehr Kohlenstoff kann er binden. Deshalb ist die Form der Landwirtschaft wichtig für den Klimaschutz. Wer als Konsumentin oder Konsument ökologisch angebaute Früchte kauft, fördert auf diesem „Umweg" ein erträgliches Klima (→ Tipps 32 und 34). Damit sorgen Konsumentinnen und Konsumenten dafür, dass die Flächen, die ökologisch bewirtschaftet werden, sich regenerieren. Dann leben im Humus weiterhin ausreichend viele kleine Bodenorganismen. Das steigert seine Speicherkapazität auch für Kohlenstoff. Gesunder Boden ist ein Beitrag zum aktiven Klimaschutz. Auch Moore sind wichtige Kohlendioxid-Senken auf der Landmasse der Erde. Allerdings nur, solange sie intakt sind. Sobald Menschen sie – meist, um sie für den Ackerbau urbar zu machen – trocken legen, verlieren diese Gebiete ihre ursprüngliche Fähigkeit, als Dämpfer gegen den Anstieg der Treibhausgase und damit die steigenden Temperaturen zu fungieren.

Die wichtigsten CO_2-Senker unseres Planeten aber sind die Meere. Seit die Menschheit mit Beginn der Industrialisierung an der Schwelle des 18. zum 19. Jahrhundert damit begann, vermehrt fossile Brennstoffe – zunächst Holz, dann Kohle und schon bald danach Erdöl – zu verfeuern, um Webstühle, Schmiedehämmer oder Eisenbahn-Lokomotiven anzutreiben, und damit die als Treibhausgase bekannten Verbindungen als Abluft in die Atmosphäre zu pusten, haben die Ozeane gut ein Drittel des von Menschen verursachten Kohlendioxids geschluckt. 11,8 Milliarden Tonnen anthropogenes CO_2 haben sie bis dato aufgesaugt, so berechneten Forscher[7]. Die weltumspannenden Ozeane speichern diese Menge zunächst in ihren oberen 400 Metern. Erst allmählich sinkt es in tiefere Schichten bis zum Meeresgrund ab.

Auch wenn Webstühle und Dampfmaschinen längst Computern und Robotern gewichen sind: Auch diese sind Energiefresser – und verschlimmern damit indirekt den Treibhaus-Effekt der Erde. Immerhin trägt die Nutzung des Internets schon fast vier Prozent zur weltweiten Treibhausgas-Emission bei. Sie hat damit den Flugverkehr in den Schatten gestellt[8].

Umso wichtiger ist eine intakte Natur. Trotzdem zeigen Satellitenbilder aus dem All das dramatische Ausmaß der Veränderungen, mit denen Menschen die Erde nach ihren Maßstäben und Regeln umgestalten – mit schlimmen Folgen. Wissenschaftlerinnen und Wissenschaftler des *Karlsruher Instituts für Technologie (KIT)*[9] haben solche „Fußabdrücke" auf der weltweiten Landoberfläche ausgewertet. Sie können damit belegen, dass inzwischen fast ein Drittel der gesamten Fläche des Planeten (32 Prozent) im Zuge von Nutzungswechseln – Urbanisierung, Mobilitäts-Infrastruktur, Landwirtschaft, Waldrodungen oder Aufforstungen – verändert worden ist. Die Naturlandschaft ist überall auf dem Rückzug. Sie wirkt dadurch oft weniger oder gar nicht mehr als Kohlendioxidspeicher, kann die Folgen des Klimawandels nicht mehr puffern. Dieses Zusammenspiel aller Pflanzen, Tiere und Lebensräume ermöglicht aber erst den weiteren Fortbestand der Welt. Daher gehören Klimaschutz und Artenschutz zusammen.

2. Klimaschutz erforscht die Umsetzbarkeit neuer Konsum-Muster sowie anderer Arbeitsformen.

Beides hat zum Ziel, weniger auf Wachstum und den Verbrauch von Energie und Rohstoffen setzen zu müssen: Die Ex-Präsidentin des *Umweltbundesamts (UBA)*, Maria Krautzberger, war sich sicher: „Der Lebensstil in der westlichen Welt ist ein Problem für das Klima."[10] Erst wenn es den Menschen gelingt, ihren Verbrauch an Rohstoffen wieder zu drosseln, wenn vor allem der Hunger nach fossilen Brennstoffen endlich gestillt ist und wir Energie aus erneuerbaren Quellen zapfen, pflegen wir einen nachhaltigen Lebensstil.

Im Jahr 2021 etwa war der Vorrat, den Deutschland rein rechnerisch an den globalen Stoffreserven nutzen darf, bereits am 5. Mai (!) für den gesamten Rest des Jahres erschöpft.[11] De facto steht aber das Leben im Land natürlich auch danach keineswegs still. In der verbleibenden Zeit haben wir weder Leben noch Arbeit eingestellt und uns auf die faule Haut gelegt. Das Rad drehte weiter, die Bänder liefen.

Ein solches Innehalten freilich – wie wir es während der Pandemie zwangsweise erlebten – wäre freilich gelebter Klimaschutz gewesen. Die Lockdowns, mit denen wir unfreiwillig das Leben und unsere Wirtschaft über viele Wochen und Monate im Kampf gegen das Corona-Virus herunter gefahren haben, zeigten deutlich den positiven Effekt eines Innehaltens: Die Luft war wieder sauberer. Von Nordindien aus waren die Schneespitzen auf den Bergen des Himalayas zu sehen, wo sonst bloß ein grauer Dunstschleier lag. Lärm drang nur noch gedämpft ans Ohr, Hektik verschwand aus unserem Alltag. Dafür hörten wir in den Städten wieder Vogelgezwitscher, und im Kanal von Venedig schwammen Delfine[12]. Die Natur eroberte sich menschliche Refugien zurück.

Obwohl wir mit unserem Raubbau die Schätze der Erde plündern, konsumieren wir einfach weiter – als ob die Vorräte, von denen wir alle zehren, unerschöpflich seien. Die Erde aber ist ein endliches System in absehbar engen Grenzen. Alle Menschen in Deutschland haben insofern seit jenem 5. Mai 2021 für den Rest des Jahres auf Pump gelebt. Wir überstrapazieren, was uns zusteht. Dabei denkt kaum jemand daran, wer den Kredit, den wir damit von unseren Kindern und Enkeln borgen, an die auf uns folgenden Generationen je zurückzahlen soll (und wie). Die Menschheit begeht – wie bei der strahlenden Erblast der Atomenergie – den fatalen, weil so eigennützigen wie kurzsichtigen Fehler, dass sie nach dem Motto „nach uns die Sintflut" einfach weitermacht, als sei nichts geschehen.

Der Kredit aber muss zurückgezahlt werden. Diese Verantwortung übertragen wir Heutigen, ohne mit der

Wimper zu zucken, an die nach uns Geborenen. So kann es nicht weiter gehen.

3. Klimaschutz ist wohl die wichtigste Aufgabe, der wir uns zurzeit gegenübersehen.

Die Menschen heizen den Planeten über alle Maßen auf. Der Einwand, dass es in der Erdgeschichte schon immer wärmere und kältere Abschnitte gegeben habe und Klimaschwankungen somit einem Naturrhythmus unterlägen, ist ein fatales Argument für die Debatte. Er zielt lediglich darauf ab, dass wir uns nicht zu kümmern brauchen um die Fehler, die wir verursachen, und dass wir verdrängen können, welche Schäden wir angerichtet haben. Das ist aber unlauter!

Ob die Weltgemeinschaft den 2015 beim Pariser Klimakongress der Vereinten Nationen gemeinsam beschlossenen Weg zur Vermeidung der Erderwärmung möglichst unter 1,5 Grad Celsius noch verwirklichen kann, bezweifeln viele Wissenschaftler bereits länger. Selbst die in Paris als Obergrenze avisierte Zwei-Grad-Marke erscheint ihnen mittlerweile bereits utopisch. Nun jedoch geht es darum, dass wir die Zuständigkeit der Menschheit für den Klimawandel und die erhitzte Erde akzeptieren – und als logische Konsequenz aus dieser Erkenntnis darum, dass wir es sein müssen, die die Folgen unseres bisherigen Handelns wieder ins Lot bringen müssen.

4. Schlussendlich geht es beim Klimaschutz um nichts weniger als um die Bewahrung des Planeten in jener Form, in der wir ihn kennen und benötigen.

Klimaschutz heißt somit: unsere Verantwortung erkennen und sie endlich (!) ernst zu nehmen.

Verantwortung ist wohl einer der wichtigsten Werte im Umgang mit und zwischen uns Lebenden – gegenüber den Menschen, den Tieren und den Pflanzen. Wenn wir Verantwortung für unser eigenes Handeln übernehmen, bedeutet das, dass wir Einsicht zeigen und uns einer moralischen Pflicht bewusst sind. Dabei sind sowohl selbst auferlegte Aufgaben gemeint als auch von der Gesellschaft übertragene. Verantwortlichkeit bedeutet, einen wertschätzenden Umgang zu pflegen, sei es mit einem Tier, einer Pflanze oder einer Person. Beim Klimaschutz geht es, weit darüber hinaus, darum, die Verantwortung für die Zukunft des Planeten zu übernehmen.[13]

Der Richterspruch aus Karlsruhe, der im Frühjahr 2021 von den verantwortlichen Politikerinnen und Politikern als den Handelnden Personen mehr Einsatz beim Klimaschutz einforderte, ist von vielen als Rechtsanspruch auf Generationengerechtigkeit interpretiert worden. Manche sprechen gar von einem „vor Gericht durchsetzbaren Grundrecht".[14] Der Klimaschutz wäre damit auf eine neue Ebene gehoben. Ob diese Interpretation juristisch haltbar ist oder nicht: Auf jeden Fall ist damit ein moralischer Anspruch formuliert. Diesen gilt es einzulösen.

Vermutlich müssen wir dazu auch neue Wege bedenken und beschreiten. So könnte es etwa zusätzlich dabei helfen, das Klima auf der Erde zu retten, wenn wir die unter Klimaschützern lange eher skeptisch betrachtete Rücknahme von bereits in die Luft emittierten Treibhausgasen doch stärker in Betracht zögen. Die sogenannte Carbon Capture and Storage Speichertechnologie (CCS-Technologie), bei der in einer Produktion entstehendes Kohlendioxid aufgefangen und dann gespeichert wird, galt lange Zeit als Techno-Fantasie, als zu teuer und technisch mit Schwierigkeiten behaftet.

Trotzdem haben sich technikaffine Start-up-Unternehmen, Universitätsabsolventinnen oder -absolventen daran gemacht, Konzepte für dieses Ziel zu entwickeln: Sie saugen mit großen Maschinen CO_2 aus der Umgebung und verkaufen es danach als Rohstoff für die Chemieindustrie, als Dünger an Landwirte oder auch als Zusatz für Getränkehersteller, die damit ihre Brause sprudeln lassen.

Überwinden müssen wir bei derlei Verfahren vielleicht auch die Angst vor der Gefahr, das wieder eingesammelte CO_2 – sofern es nicht als Rohstoff für neue Verfahren oder Produkte zu nutzen wäre – ja irgendwo sicher zu speichern. In Holland planen Unternehmen, das Treibhausgas in unterirdische Gesteine und Hohlräume zu pressen. Das erinnert viele an die ungelöste Endlagersuche und -debatte der Kernenergienutzung – und ist damit politisch wie psychologisch belastet.

Nachdem aber die deutsche Regierung als Reaktion auf das Urteil der Verfassungsrichter das Klimaschutzgesetz aufpoliert hat, setzt nun auch die Forschungsministerin eben jene CCS-Technologie auf ihre Prioritätenliste.[15]

Das zeigt: Die Aufgaben sind enorm. Und dennoch besteht kein Grund, den Kopf hängen zu lassen. Zumal sich jeder und jedem Chancen bieten, im eigenen Umfeld und je nach den eigenen Fähigkeiten im Klimaschutz aktiv zu werden.

Das Goldene Dutzend

1. Akzeptanz

Du sollst anerkennen, dass der Klimawandel real ist und dass er die Welt, wie wir sie kennen, verändert.

Menschen befeuern den Klimawandel mit der Art, wie sie leben, sich ernähren, reisen, arbeiten, konsumieren. Das müssen wir ändern.

2. Bekenntnis

Du sollst Dich dazu bekennen, dass wir handeln müssen, um das Überleben auf dem Planeten zu ermöglichen.

Verstehe, dass Du dem Klimawandel entgegen treten musst und dass nur konsequentes Handeln dabei hilft. Sei Anderen darin ein Vorbild.

3. Erster Schritt

Du sollst erkennen, dass schon der erste Schritt, den Du machst, uns alle der Lösung des Problems näherbringt.

Beginne bald mit diesem ersten Schritt. Bleibe am Ball, auch wenn Dir nicht gleich alles so gelingt, wie Du es Dir vorgenommen hast.

4. Kleine Schritte

Du sollst darauf setzen, dass auch kleine Schritte den Klimawandel zu bremsen helfen.

Auf den „großen Wurf" zu warten, vergeudet Zeit, und ob er gelingt, ist nicht sicher. Suche Dir Verbündete: Gemeinsamkeit macht stark.

5. Erfolg beflügelt

Du sollst erkennen, dass schon ein erster Erfolg gegen den Klimawandel Dein Engagement und das anderer Menschen bestärkt.

Wähle am Beginn einfache Ziele aus, die rasch zum Ergebnis führen. Das beflügelt Dich im weiteren Handeln.

6. Fußabdruck

Du sollst Deinen persönlichen Beitrag zum Klimawandel kennen und Wege finden, wie Du die Erderwärmung aufhalten kannst.

Dein Fußabdruck zeigt Dir deutlich, wo und wie Du CO_2 sparen kannst. Probiere, die Zahlen im Wettstreit mit anderen Klimaschützern zu reduzieren.

7. Alternativen

Du sollst nicht aufgeben, wenn Dein Bemühen nicht sofort fruchtbar erscheint. Denke Dir neue Möglichkeiten aus, die helfen.

Es gibt immer einen Weg, klimaschonender zu leben. Finde ihn. Nutze ihn.

8. Kleine Erfolge

Du sollst nicht verzagen, wenn Dein Beitrag zum Klimaschutz gering erscheint. Kleine Hilfen summieren ihre Wirkung.

Jeder Klimaschutz-Beitrag erhöht den Erfolg: Er unterstreicht die Notwendigkeit des Engagements und verbessert die Zahlen.

9. Ausgleich schaffen

Du sollst dafür sorgen, dass der Schaden, den Dein Verhalten dem Klima zufügt, korrigiert wird. Auch wenn Kompensationen Klimaschäden nicht verhindern, können sie dabei helfen, dass die Erderwärmung in Zukunft geringer ausfällt.

10. Gedächtnisstützen

Du sollst den Klimaschutz stets in Deinem Denken behalten und Dich um ihn bemühen. Nutze Erinnerungshilfen, die es dafür gibt. Vom „Earth Day" bis hin zu Klimakonferenzen: Viele Tage und Ereignisse erinnern uns daran, dass unser Engagement für Klimaschutz gebraucht wird.

11. Vorbild sein

Du sollst für Andere ein Vorbild im Klimaschutz sein. Zeige vor allem Kindern, dass wir den Veränderungen nicht machtlos ausgeliefert sind. Kinder lernen durch Vorbilder: Achte darauf, was Du ihnen vorlebst. Überzeuge Mitmenschen vom Klimaschutz und hilf ihnen dabei, ihr Engagement zu leben.

12. Aufklären

Du sollst Dich bemühen, Anderen zu erklären, warum Klimaschutz wichtig für uns alle und für unsere Umwelt ist. Nimm Dir zum Beispiel Greta Thunberg zum Vorbild: Verbreite die Klima-schutz-Botschaft. Nimm Gegenargumente ernst. Aber engagiere Dich weiter.

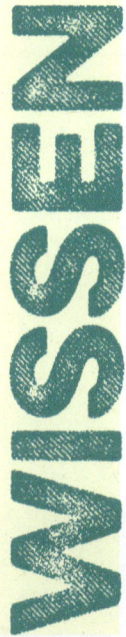

WISSEN

Neue Zeiten im Tee-Land: Ostfriesische Weinfreunde bepflanzten Anfang 2021 auf einem Feld in Ostrhauderfehn nahe der Stadt Leer erstmals einen Hektar mit Reben. Noch wird es dauern, bis sie ihren ersten echten Friesländer lesen, keltern und als Schoppen genießen können. Die Trauben der Sorten "Sauvignon Gris" und "Solaris" seien extra „für die Herausforderungen harter Witterungen gezüchtet", betonen die Mitglieder der Ersten Ostfriesischen Winzergenossenschaft. Weinhänge wie an den Ufern von Mosel oder Main suchen Besucher hier vergeblich. Die Neu-Winzer kultivieren ihren „Rebensaft" auf den Marschwiesen hinterm Deich.

Zugleich setzen sie wohl ihre Hoffnungen vor allem auf das Fortschreiten der Klimaveränderung – milderes Wetter in Deutschlands Norden soll helfen, den Traum vom Küstenwein zu verwirklichen: „Ostfriesland hat inzwischen fast so viele Sonnenstunden wie Stuttgart"[16], was den Weinanbau zwischen Ems und Nordsee möglich mache. Die niedersächsischen Winzer sind nicht allein mit ihrer Spekulation auf eine positive Wirkung des veränderten Klimas: Bauern im englischen Norfolk ernten mittlerweile schon seit Jahren eigene Oliven. Der Import aus Italien und Spanien kann ihnen somit nicht erst seit dem Brexit egal sein. Und Landwirte in Deutschland haben bereits erste Felder mit Lavendel angepflanzt – für's Cote-d'Azur-Feeling an der deutschen Ostsee.[17]

Der Klimawandel schafft also Gewinner und Verlierer. Ebenso aber, wie einige versuchen, die neuen Temperaturen für sich zu nutzen, so sind auch Menschen dafür verantwortlich, dass es überhaupt so weit gekommen ist. Den Klimawandel haben wir Menschen angestoßen. Das ist inzwischen unter Wissenschaftlern unbestritten. Deshalb sind auch wir es, die für seine Abschwächung sorgen müssen – ehe die Erde wegen zunehmender Temperaturen am Ende unbewohnbar wird.

Kaum zehn Jahre ist es her, da fanden Skeptiker dieser heute weltweit und weitgehend als Konsens akzeptierten Erkenntnis sogar noch in namhaften Gazetten ein Forum. Dort streuten sie Zweifel an ihrer wissenschaftlichen Grundlage und warnten vor einer „Klimawandel-Hysterie"[18]. Ihr Hauptargument: Das Klima auf der Erde habe über Milliarden Jahre hinweg stets geschwankt: „Kalt- und Warmzeiten haben sich im Lauf der Erdgeschichte unablässig abgelöst."

Das stimmt natürlich. Veränderungen der Sonnenaktivität oder eine minimale Verlagerung der Erdachse spielten dabei ebenso eine Rolle wie Vulkanausbrüche. Oft verdunkelte etwa Asche aus den Magma-Schloten den Himmel und sperrte so das Licht und die lebensspendende Energie der Sonne aus. Die Erde kühlte in solchen Phasen ab, bis die Aschepartikel sich aus der Atmosphäre auf den Boden senkten und den Weg für die Sonnenstrahlen erneut freigaben. Das aber dauerte.

Selbst wenn das Klima im Laufe der Jahrmilliarden ständig schwankte und den Globus mal in Eis hüllte, um dann ein andermal wieder tropische Landschaften an den Polen sprießen zu lassen, so waren dies doch immer ganz natürliche Phänomene eines allmählichen Wandels. In all diesen Milliarden Jahren hat sich das Klima auf dem Planeten jedoch niemals derart rasch verändert wie heutzutage. Bisher vollzogen sich seine Schwankungen jeweils im Rahmen mehrerer Millionen Jahre. Dagegen läuft der Klimawandel heute quasi im Zeitraffer-Tempo. Das überfordert die Natur. Tiere und Pflanzen brauchen weitaus mehr Zeit, sich auf derlei gravierende Wechsel einzustellen.

Auf die natürlichen Wechsel des Erdklimas hatte sich die Natur stets einstellen können. Die Entwicklung passte sich an. Das Leben reagierte auf die neuen Bedingungen, unter denen ein Weiterexistieren in veränderter Form möglich blieb, es mutierte, probierte und verwarf Varianten, die wenig Chancen hatten. Es entwickelte neue Lebensformen oder Strategien, mit den gewandelten Bedingungen umzugehen. Für all das fehlt im jetzigen Tempo des Wechsels schlicht die Zeit. Ein erfolgversprechender Prozess aber braucht eines zwingend: Zeit.

Ganz anders ist es mit dem aktuellen Klimawandel: Während sich Klimaschwankungen in der Erdhistorie über Jahrmillionen erstreckten, modeln die Menschen heute das Klima in wesentlich kürzeren Abständen um – deshalb sprechen Wissenschaftler bereits vom Anthropozän als der von Menschen bestimmten geochronologischen Epoche. Seit Beginn des industriellen Zeitalters begann der Mensch, dieses natürliche System radikal zu manipulieren. Zunächst sicher ungewollt: Mit dem neuen Bewusstsein der Aufklärung als starkem Antriebsmoment wusste die Menschheit an der Zeitenwende vom 18. zum 19. Jahrhundert noch nicht, was sie mit der massiven Verfeuerung von Holz und Kohle und später des Erdöls anrichtete. Sie verfolgte nur ein Ziel: ihre neu entdeckten Möglichkeiten in die Tat umzusetzen.

Dass dabei große Mengen Kohlendioxid in die Atmosphäre gelangten, konnten die tatkräftigen Macher jener Tage noch nicht erkennen. In was für ein Ungleichgewicht dieses zusätzliche CO_2 den natürlichen CO_2-Kreislauf des Planeten (→ S. 37) bringt, wurde der Menschheit erst vor wenigen Jahren bewusst. Dass dieses farblose Gas die Erde über jedes verkraftbare Maß erhitzt, erkannten Wissenschaftler erst, als es bereits (fast) zu spät war. Noch immer reagieren auf diese Erkenntnis viel zu wenige Menschen. Das ist ihr großer Fehler: In den reichen Ländern pflegen sie lieber ihren bequemen Lebensstil, in den ärmeren setzen sie alles daran, diesen möglichst zu kopieren. Mit fatalen Folgen, da dies den Klimawandel potenziert. Den ärmeren Ländern aber Verbote aufzuerlegen, die für die reicheren zuvor nicht gegolten hatten, bringt die Menschheit in eine ethische Zwickmühle. Daher gilt es, Entwicklung neu zu definieren und Maßstäbe zu setzen, damit bis zum Ende des Jahrhunderts zehn Milliarden Menschen die gleichen, nein: noch bessere Möglichkeiten und Chancen auf der Erde haben als die acht Milliarden Menschen von heute.

Mit den UN-Entwicklungszielen, den Sustaible Development Goals (SDG)[19] haben die Vereinten Nationen eine Richtschnur hierfür entworfen. Bis 2030 soll sie als Leitplanke und Orientierung dienen, an der entlang die Welt sich fortentwickeln soll. Der Klimaschutz ist darin nur eines – wenn auch eines der wichtigsten – der Kriterien.

Zunächst hatte der Vorteil überwogen, den der Verbrauch und die Ausbeutung der scheinbar unerschöpflichen Rohstoffe der Erde bot. Ihre Energieressourcen zu nutzen, ersparte den Einsatz tierischer und menschlicher Arbeit und Kraft. Damit eröffnete die Technik neue – meist wirtschaftliche – Chancen, die der Mensch beherzt ergriff, um die Welt verändern. In Fabriken arbeiteten Maschinen, um Waren für unseren Konsum zu erzeugen. Autos – angetrieben von Motoren – veränderten das Reisen und den Handel. Auch die Computer und Handys, die wir heute nutzen, meist ohne noch groß darüber nachzudenken: Auch sie brauchen Strom – und den produzieren wir noch immer meist aus fossilen Rohstoffen und damit zulasten des Klimas.

Ohne diese Energiequellen ist modernes Leben nicht mehr denkbar. Wir wollen es nicht wahrhaben. Genau das ist jedoch eine der Hauptursachen für den Klimawandel.

CO_2 und andere Treibhausgase ($\rightarrow$ S. 39) wirken wie das Glas eines Gewächshauses: Es lässt Sonnenlicht und damit Energie eindringen, verhindert aber, dass Wärmestrahlen wieder zurück nach draußen gelangen können. Deshalb bleibt es im Glashaus wohltemperiert, und die Pflanzen gedeihen. Der Unterschied: Am Gewächshaus können Gärtnerinnen und Gärtner die Scheiben öffnen und die Hitze damit regulieren. In der Atmosphäre aber, die als Hülle unseren Planeten schützt, bleiben die Treibhausgase eingefangen. Und sie werden immer mehr. Das potenziert ihren Effekt: Die Erde heizt sich auf, so unweigerlich wie unaufhaltsam.

Als die Menschen die Folgen ihres Handelns vor nunmehr gut einem halben Jahrhundert entdeckt hatten, ignorierten sie diese zunächst beharrlich. Der NASA-Wissenschaftler und Umweltprofessor an der Columbia-Universität in den USA, James Edward Hansen, publizierte als Erster seine Studien zu den Klimaauswirkungen menschlicher Aktivitäten. Das war bereits 1981. Sie drangen nur leider allzu lange nicht über wissenschaftliche Insiderzirkel hinaus. Mit aller Macht verhinderten Politiker und vor allem Wirtschaftslenker, dass die fatale Wirkung einer auf weiteres Wachstum fixierten Wirtschaftspolitik bekannt wurde[20]. Unternehmen und Industrieverbände – allen voran die der Ölindustrie – taten alles, um die Konsequenzen ihren Tuns zu verschleiern. Sie erkauften sich sogar wissenschaftliche Gutachten, die Gegenteiliges belegen sollten, und versteckten die wahren Fakten in Tresoren. Sie ließen den Rest der Welt im Unklaren. Sie hatten schlicht Angst um ihre Geschäfte.

So haben wir wertvolle Zeit verloren. Denn die eigentliche Dramatik des neuen, des von Menschen induzierten Klimawandels liegt eben in seiner immensen Dynamik. Normalerweise, sagt etwa der Direktor des *Wuppertal In-*

stituts für Klima, Umwelt, Energie Manfred Fischedick, dauert es rund 10.000 bis 30.000 Jahre, bis sich die Temperaturen auf der Erde so stark veränderten, dass ein echter Wandel des Erdklimas spürbar sei. Zur Einordnung: Vor 30.000 Jahren streiften noch Neandertaler über die Erde. Nun aber, so Fischedick, habe sich die Durchschnittstemperatur der Erde um „ein Grad Celsius in den letzten 100 Jahren" erhöht[21]. Und wenn wir wollen, dass die von Menschen angestoßene Klimaveränderung noch in halbwegs erträglichen Grenzen gehalten werden kann, wie es die UN-Klimakonferenz 2015 in Paris beschlossen hat, dann müssen wir jetzt endlich aktiv werden.

Wie der Lebensstil den Klimawandel prägt

Richtig: Um die Erde vor dem Kollaps noch zu retten, müssen Politiker und Wirtschaftslenker die großen Hebel umlegen. Dies erfordert neue Rechtsrahmen. Dazu ist viel politischer Wille nötig. Der aber verflacht mitunter rasch, wenn Pöstchen winken, lukrativere Aufgaben den Blick verengen oder steigende Umsätze locken.

Deutlich – und schmerzhaft – führen dies die Demonstrantinnen und Demonstranten von *Fridays for Future* vor Augen, wenn sie ihre (für manche oft zu radikal klingenden) Forderungen an die Verantwortlichen adressieren. Allen voraus: Greta Thunberg. Sie nimmt bei ihren Auftritten etwa in Davos versammelten Managern oder vor den Staatenlenkern bei UN-Klimakonferenzen wie im polnischen Kattowitz – trotz oder gerade wegen ihrer Jugend – kein Blatt vor den Mund[22].

Freilich zeigen eben solche Konferenzen auch, wie langsam die Mühlen auf dieser Ebene mahlen: viel zu langsam.

Deshalb gilt: Wir alle können und müssen unseren eigenen – jeweils zwar geringen, aber insgesamt unverzichtbaren – Teil zum Gelingen des Klimaschutzes beitragen.

Heizungen, Klimaanlagen oder Rasensprenger machten es uns in Mitteleuropa oder Nordamerika lebenden Menschen allerdings leicht, sagt die schweizerische Umweltpsychologin Katharina Beyerl, den Klimawandel aus unseren Gedanken zu verdrängen. Allenfalls in den abendlichen TV-News begegnet uns die Dramatik der Situation: Wenn in Kalifornien oder Australien Wälder brennen oder Überflutungen ganze Täler mit Wassermassen und Schlamm füllen, Häuser und Fabriken fluten und Menschen verzweifeln lassen, weil sie Leben und Existenzen zerstören. Wenn von Migrationsströmen aus der Sahelzone die Rede ist oder wir mit ansehen, wie Heuschrecken die Felder ostafrikanischer Bauern kahlfressen, registrieren wir die Wirkungen des Klimawandels.

Wir verdrängen den Ernst der Lage. Völlig zu Unrecht.

Das sollten und das können wir ändern. Der Klimawandel ist auch vor unserer Haustür bereits real. Im Juli 2021 wurde wohl auch den letzten Menschen klar, dass der Klimawandel kein Phänomen „auf der anderen Seite des Globus" ist, sondern uns ebenfalls trifft. Die Flutkatastrophe in Westdeutschland mit ihren Verwüstungen nach Starkregen forderte großen materiellen Tribut und Menschenleben.

Die Zeiten sind ein für alle Mal vorbei, in denen wir den Klimawandel ans „andere Ende der Welt" verorteten. Wir können die Situation kaum länger ausblenden und zur Tagesordnung übergehen.

In Brandenburg dürsten Wälder. In Hessen klagen Bauern über zu wenig Wasser. Ihre Früchte auf den Feldern wachsen nicht mehr. Ernten fallen aus. Selbst im

Bayerischen Wald müssen in manchen Sommermonaten inzwischen ganze Dörfer ihre Trinkwasserversorgung mit Tankwagen sicherstellen.

Der Klimawandel (be-)trifft also alle. Ende 2020 beschrieb die angesehene Medizin-Zeitschrift *The Lancet* den Zusammenhang zwischen dem Klimawandel und der Gesundheit vieler Menschen. In Städten belasteten die steigenden Temperaturen Bewohner mit Herz-Kreislauf-Problemen oder mit erhöhten Cholesterinwerten. Viele sind bereits infolge der viel zu großen Hitze gestorben. Zudem breiten sich immer neue Infektionskrankheiten auch in Regionen aus, die bislang davon verschont waren[23]: Das Zika-Virus[24] oder Malaria sind längst nicht mehr auf tropische Regionen beschränkt. Unsere moderne, mobile Lebensweise – gepaart mit dem wärmeren Klima – machen es auch Malariamücken leichter, in Auwäldern oder in den Regentonnen heimischer Gärten ihre Eier abzulegen. Zudem wandern neue Überträger bei uns ein. Die Asiatische Tigermücke[25] fühlt sich inzwischen etwa in Südwestdeutschland wohl. Sie kann dort sogar überwintern – und verbreitet die Furcht vor möglichen Infektionen etwa mit dem Dengue-Fieber-Virus.

Ändern wir also unseren Lebensstil. Er nämlich ist ein wesentlicher Treiber des Klimawandels.

Prompt kontern an dieser Stelle die Verfechter neoliberaler Denkschienen: „Wir verdanken jeden Funken unserer heute als selbstverständlich empfundenen Freiheit, unsere Gesundheit und unseren Wohlstand dem technologischen und intellektuellen Fortschritt."[26] Selbst die Grünen setzen auf das zementierte Dogma des Wirtschaftswachstums. Sie kaschieren es freilich und verschleiern es damit. Dafür propagieren sie – wie Ralf Fücks, der langjährige Mitvorstand der Heinrich-Böll-Stiftung[27] – ein „intelligentes" Wachstum[28]. Sein Parteifreund, der Ministerpräsident von Baden-Württemberg Winfried Kretschmann, assistiert ihm dabei: Fücks lege in seinem Buch klar, „wie wir die Umwelt schonen und gleichzeitig mit sauberer Energie Jobs schaffen und Prosperität sichern können." Damit offenbart der Landesvater im Musterländle jedoch den eigentlichen Denkfehler solch „grün" angehauchter Wirtschaftsphantasien.

Diese Art von Gedankenspielen hat einst bereits Albert Einstein kritisiert: „Man kann ein Problem nie mit denselben Denkstrukturen lösen, die zu seiner Entstehung beitragen", so der Physik-Nobelpreisträger und Entdecker der Relativitätstheorie[29].

Diese neuen Wirtschafts-Theoretiker wollen Nachhaltigkeit mit Wirtschaftswachstum versöhnen. Sie übersehen dabei freilich, dass es gerade der Glaube an ein „immer mehr" und „immer schneller" ist, der ursächlich zu jener Lebens- und Arbeitsweise geführt hat, die mit einem unstillbaren Hunger nach immer mehr Energie und Rohstoffen einhergeht. Obwohl dieser Glaube spätestens seit Veröffentlichung der Club of Rome-Studie „Die Grenzen des Wachstums"[30] von Dennis und Donella Maedows im Jahr 1971 als Irrweg erkannt ist. Inzwischen sprechen selbst Energie- und Ölriesen vom ‚Peak-Oil'[31]. Wissenschaftler sehen das Maximum der Rohstoffförderung bereits vielfach überschritten.

Solange wir als Menschheit klaglos dem Fetisch huldigen, dass ein Leben ohne stetes Wachstum (der Wirtschaft) nicht möglich, geschweige denn lebenswert sei, rennen wir wie die Lemminge dem Abgrund entgegen.

Es muss jedoch noch etwas anderes geben.

Tatsächlich gibt es inzwischen glücklicherweise immer mehr Ökonomen, die ein Umdenken anmahnen. Sie definieren Leistung neu, sie setzen andere Prioritäten – etwa für die persönliche Work-Life-Balance. Sie propagieren neue Muster, etwa eine Orientierung an der Gemeinwohl-Ökonomie oder die Einführung eines Grundeinkommens, und sie verweisen auf andere Formen zur Erlangung von Glücksmomenten: Sie fordern eine Abkehr vom Bruttoinlandsprodukt (BIP) als alleinigem Maßstab zur Bestimmung wirtschaftlichen Fortschritts und betonen eine ausgeglichene Work-Life-Balance oder das Streben nach Glück als Motivation[32].

Noch sind das Modelle. Gemein ist ihnen, dass sie ‚Wohlstand' neu definieren. Damit legen sie zugleich die Schwächen des bislang gültigen Erfolgsbarometers offen – des Bruttosozialprodukts. Dieses nämlich unterscheidet nicht zwischen Gut und Böse. Es rechnet selbst Zerstörung als positiv. Es ist dem Irrtum verfallen, Zahlen seien wertneutral. So konnte es dazu kommen, dass alle wirtschaftlichen Schäden, die der Klimawandel bislang hervorgerufen hat, in den Staatsbilanzen als Pluspunkte bewertet sind.

Verzagen wäre falsch. Denn die Wissenschaft stützt die Überzeugung, dass die Anstrengungen sich lohnen. Schon im Frühling 2021 belegte eine aktuelle Studie[33] des Klima-Think-Tanks *Agora* und der *Stiftung Klimaneutralität*, dass in Deutschland ein rascherer Wandel zum Klimaschutz machbar sei als von der Politik bis dato avisiert worden war. Die Forscher beschreiben einen Weg, der fünf Jahre früher zum Ziel führt.

Solche Studien machen Hoffnung.

Treibhausgase und ihre Quellen

Eigentlich ist der Treibhauseffekt, der im Zusammenhang mit dem Klimawandel am häufigsten als Auslöser und Verursacher gebrandmarkt wird, ja viel eher ein wahrer Segen für unseren Planeten. Ohne seine Schutzschicht vor allem aus Wasserdampf, Kohlendioxid und den weiteren Gasen in der Lufthülle – wie Ozon, Methan oder Lachgas – wäre die Erde nämlich ein bitterkalter und vermutlich ziemlich unwirtlicher Ort. Dann würde die Wärme, die uns die Sonne spendet und sendet, gleich wieder ins All abstrahlen. Bei durchschnittlich minus 18 Grad Celsius wäre kaum ein angenehmes Leben auf der Erde vorstellbar. Das berechneten Meteorologen am Max-Planck-Institut[34]. Freuen wir uns also, dass wir auf der Erde in einem Treibhaus wohnen. Es verhindert, dass die elektromagnetische und damit kurzwellige Strahlung, die die Sonne in unsere Richtung schleudert und die nach über 150 Millionen Kilometern auf den blauen Planeten trifft, von der hiesigen Materie zur Gänze wieder zurückgestrahlt wird. Stattdessen geben die Sonnenstrahlen bei jeder Begegnung mit einem Molekül, auf das sie fallen, einen Teil ihrer mitgebrachten Energie in Form von Wärme ab, ehe das bestrahlte Objekt den Rest der Strahlung wieder ins Weltall reflektiert.

Allerdings ist diese zurückgesandte Wärmestrahlung langwelliger als die einfallenden elektromagnetischen Photonen der Sonne. Solange das natürliche System intakt ist, gibt die Erde so viel Wärme wieder ans Weltall zurück, wie sie von der Sonne aufgenommen hat. Schweben aber vermehrt Gase wie CO_2 oder Methan in der Atmosphäre, deren Moleküle eigenständig Sonnenenergie absorbieren und wieder als Wärmestrahlen zum Boden senden, kommt die natürliche Strahlungsbilanz aus dem Gleichgewicht. Die Abstrahlung von Wärme in Richtung Erdboden nimmt irgendwann überhand. Als Folge heizt sich die Erde auf – langsam, aber stetig. Das ist der Treibhauseffekt. Diesen Namen hat die Forschung dem Phänomen gegeben, weil es dem Prinzip des Glasdachs folgt, mit dem Gärtnerinnen und Gärtner die Sonnenwärme zum Nutzen ihrer Pflanzen sammeln.

Je mehr die Atmosphäre mit zusätzlichen Gasen über das natürliche Gleichgewicht hinaus angefüllt ist, desto dichter schließt sie den Deckel über dem Planeten – und desto wärmer wird es im Treibhaus Erde.

Kohlendioxid (CO_2)

Der gesamte Kreislauf des Kohlenstoffs (chemisch: C) der Erde bindet etwa 75 Millionen Gigatonnen des Elements. Weniger als ein Prozent davon befindet sich in der Atmosphäre des Planeten. Der weitaus größere Teil ist in Form von Carbonaten etwa in Gestein oder im Humus des Bodens gebunden und abgelagert.

800.000 Jahre lang lag die Konzentration von Kohlendioxid in der Erdatmosphäre unter 300 Teilen pro Million (ppm). Klimaschützer nannten lange die Marke von 350 ppm als den maximalen Wert, auf den die CO_2-Konzentration der Atmosphäre steigen dürfe. Oberhalb dieses Wertes drohen unumkehrbare und dramatische Folgen für das Leben auf dem Planeten. Der US-Klimaaktivist und Buchautor Bill McKibben gründete 2008 eigens eine weltweit aktive Organisation mit dieser Zahl im Namen: *350.org*. Mit ihr organisierte er Klimaschutz-Demonstrationen in fast allen Ländern der Erde[35].

Das ist – leider(!) – Schnee von gestern: Heute (Stand: Sommer 2021) liegt die Messgröße bei bereits fast 420 ppm, gemessen mit den meteorologischen Geräten des Mauna-Loa-Observatoriums auf der US-Pazifikinsel Hawaii.

Das zeigt das ganze Ausmaß des Klimawandels.

Dabei ist Kohlendioxid ein wichtiger Bestandteil unserer Luft. Pflanzen brauchen CO_2, so wie jeder Mensch und jedes Tier den Sauerstoff zum Atmen. Sie produzieren daraus mittels Photosynthese und dem grünen Farbstoff Chlorophyll in ihren Blättern aus Kohlendioxid Energie und Nährstoffe, die sie am Leben halten. Als „Rest-Produkt" dieser chemischen Reaktion geben sie Sauerstoff an die Luft ab. Sie und wir atmen dieses „Abfallprodukt" des Pflanzenwachstums ein, wobei wiederum CO_2 als „Rest" aus unseren Lungen übrigbleibt – so entwickelte sich im Laufe der Evolution ein perfekt abgestimmter Kreislauf, bei dem alles ineinandergreift und so für alle Bedürfnisse gesorgt ist. Dieser Naturkreislauf verhindert auch, dass die zwischen 168 und 2.040 Kilogramm CO_2 pro Jahr, die ein Mensch je nach Körpermasse und Aktivitätspotenzial ausatmet, eine negative Wirkung auf das Erdklima haben. Diese Menge ist Teil des Naturkreislaufs und wird von den Pflanzen gebraucht. Schädlich ist lediglich das zusätzlich emittierte CO_2 aus der Verbrennung der fossilen Erdreserven.

Methan

Methan – chemische Formel CH_4 – schiebt sich als Klimakiller erst in jüngster Zeit mehr und mehr ins Bewusstsein der ums Klima Besorgten. Nach Angaben der UN-Umweltorganisation *UNEP* beträgt der Anteil des Methans am Klimawandel fast ein Viertel. Obwohl der Anteil dieses Treibhausgases in der Atmosphäre seit einigen Jahren rückläufig ist, bleibt Methan, einmal freigesetzt, für das Umweltbundesamt „eines der bedeutendsten Klimagase"[36]. Wissenschaftler der Vereinten Nationen nennen Methan gar „eine der fünf unterschätzten Umweltgefahren"[37].

Der Rückgang der Methan-Konzentration in der Atmosphäre resultiert aus einer verbesserten Abfallentsorgung. Sie lässt inzwischen weniger Gas entweichen, da viele Deponien besser abgedichtet und bewirtschaftet sind als früher. Außerdem sammeln die Entsorger das bei der Verrottung von Abfällen entstehende Methan als austretendes Deponiegas, um es zur Energieversorgung zu nutzen. Ebenfalls rückläufig sind die Methan-Emissionen aus so genannten „diffusen Quellen der Energieversorgung". Gemeint sind damit Leckagen an Erdgaspipelines oder bei Ölbohrungen und an Fracking-Löchern. Das zeigen Grafiken des Umweltbundesamts[38].

Problematisch ist jedoch die Erhitzung des Planeten selbst. In den wärmer werdenden Böden taut das Dauereis. Dieser Permafrost bedeckt immerhin gut ein Viertel der Landoberfläche auf der Nordhalbkugel der Erde. Genau in diesem kalten Boden können jedoch nach dem Auftauen Mikroorganismen ihre Zersetzungsarbeit (wieder) aufnehmen. Dabei setzen die Bakterien im Boden Methan frei, das dann ausgast. Diesen Effekt haben die Experten allzu lange unterschätzt. Wissenschaftsjournalisten bezeichnen die tauenden Böden mittlerweile bereits als „Methangas-Schleuder".

Schlimm ist das deswegen, weil Methan ein 30-mal wirkmächtigeres Treibhausgas als Kohlendioxid ist. Wegen seiner hohen Wirksamkeit als Klimagas haben es Forscherinnen und Forscher schon länger im Blick und versuchen, wenigstens die von Menschen induzierten Quellen des Methans zu stopfen. Dazu zählen Reisfelder. „Keine Kulturpflanze sondert so viel Methan ab wie Reis", sagt dazu Reiner Wassmann von *Internationalen Reisforschungsinstitut* auf den Philippinen. „Wenn asiatische Länder die Produktion von Treibhausgasen reduzieren wollen, müssen sie auf die Reisproduktion schauen", zitiert die Tageszeitung *Die Welt* den Forscher[39]. Der Anbau des Getreides im Wasser reduziert die Sauerstoffversorgung des Bodens. Dann verrotten organische Bestandteile und Organismen dort unter anaeroben Bedingungen. Dabei entsteht beim Stoffwechsel von Mikrobakterien aus Kohlenstoffdioxid und Wasserstoff das Methan.

Der Anbau von Reis und vor allem die starke Ausweitung von neu unter Wasser gesetzten Feldern, um die Erntemengen weiter zu steigern, gilt inzwischen als eine der Hauptquellen anthropogener Methan-Erzeugung. Die Wissenschaft sucht daher nach Abhilfen. Sie könnten in neuen Reissorten oder in der zeitweisen Entwässerung der Reisfelder liegen, die ohnehin meist künstlich geflutet sind.

. Zu den wichtigsten Quellen für Methan in der Atmosphäre zählen neben dem Reisanbau auch große Viehbestände: Wiederkäuer wie Rinder nämlich produzieren in ihrem Magen bei der Zerkleinerung der Pflanzen durch Enzyme große Mengen Methan. Das rülpsen und pupsen sie aus. Steht nur eine Kuh im Stall, ist die Menge gering. Bei immer größeren Herden allerdings und immer mehr Zuchtbetrieben wird dies zu einem Problem für die ganze Welt.

Forscher helfen auch hier: Sie haben inzwischen festgestellt, dass Kühe, die Kraftfutter statt Weidegras zu fressen bekommen, mehr Methan erzeugen – ein weiteres Argument, das die Fleischproduktion und den -konsum aus Klimaschutzsicht fragwürdig erscheinen lässt.

Lachgas

Lachgas (Distickstoffmonoxid: N_2O) wirkt in hohen Konzentrationen betäubend. Daher haben es Ärzte früher für medizinische Zwecke eingesetzt. Es ist als Treibhausgas rund 300-mal so klimaschädlich wie Kohlendioxid (CO_2).

Auch die Quellen dieses Treibhausgases sind beim Menschen zu suchen: Verantwortlich sind gemäß Umweltbundesamt vor allem stickstoffhaltige Düngemittel, mit denen konventionell arbeitende Landwirte ihre Äcker profitabler machen wollen.

Die Lachgas-Emissionen sind somit ein passendes Beispiel für einen falsch verstandenen Ehrgeiz der Menschen, Erkenntnisse für sich zur Maximierung ihrer Performance zu nutzen, mit dem sie eher Schaden stiften als Gewinn erzielen. Denn sie übertreiben es. Das Wissen, mit dem Justus Liebig einst die Landwirtschaft revolutionierte, war grandios: Stickstoff als wichtige Pflanzennahrung kann in Chemiefabriken künstlich und günstig erzeugt werden. Als Zugabe in der Ackerkrume steigert es den Ernteertrag. Doch viele Bauern schießen nach dem Motto „Viel hilft viel" über dieses Ziel hinaus.

Hier wird die Perversion offenbar, mit der die moderne Agrarindustrie ihr eigentlich bodenständiges und naturnahes Handwerk konterkariert: Zuviel Kunstdünger macht die Erträge keineswegs lukrativer, sondern schmälert sie und bürdet obendrein durch den Klimawandel als Folge dieser verfehlten Produktionsform der gesamten, weltweiten Gesellschaft immense Kosten auf.

Der Anteil der Landwirtschaft am Klimawandel ist aktuell mit fast neun Prozent schon enorm. Nun verteidigen sich viele Agrarier damit, dass sie eine weiter wachsende Weltbevölkerung auch künftig mit Lebensmitteln versorgen müssen. Sie haben Recht. Dass dies aber ohne moderne Landbewirtschaftung nicht möglich wäre, dieses Argument bezweifeln Experten aus den Reihen der Ökolandwirtschaft.

Hier herrscht ein klassischer Zielkonflikt, und zwar zwischen Klimaschutz und Welternährung. Schließlich will niemand – und es wäre ethisch ja auch nicht vertretbar –, dass weiterhin, wie heute leider immer noch,

Millionen Menschen hungern müssen. Deshalb hat die Menschheit mit der Verabschiedung der 17 anerkannten *Sustainable Development Goals* als Ziel 2 die Beendigung des Welthungers bis 2030 vereinbart. Dennoch muss der Klimaschutz auch bei der Verfolgung dieser lebenswichtigen Aufgabe gewahrt bleiben. Derlei Zielkonflikte dürfen uns nicht vom Kurs abbringen. In diesem Fall gilt: Beide Ziele sind wichtig. Die daraus resultierende Aufgabe: Das Vorgehen gegen den Welthunger und das gegen die Erderwärmung müssen auf gleichem Rang in der Prioritätenliste stehen. Ohne Klimaschutz kann die Menschheit den Hunger nicht besiegen.

Konsequenzen des Klimawandels

„Der Klimawandel verändert die Welt mit vielfältigen Auswirkungen auf Natur, Gesellschaft und Wirtschaft und unser tägliches Leben", fasst das Umweltbundesamt diese Phänomene zusammen[40]: sichtbar häufigere Hitzetage, ein verändertes Verhalten von Tieren in unserer Umgebung oder ein zeitigerer Frühlingsbeginn.

In all unseren Lebensbereichen müssen wir Menschen mit der neuen Situation auf der Erde umgehen. Auch wenn uns viele technische Hilfsmittel die Folgen des Klimawandels leichter ertragen lassen, treffen diese uns doch: weil sie die Wirtschaft schwächen, weil sie die Gesundheit beeinträchtigen, weil sie die Umwelt und unser Leben im Alltag verändern. „Wir müssen noch mehr tun, um den Klimawandel zu bekämpfen", fordert uns die Bundesregierung daher auf. Sie malt die Folgen der Veränderung auch gleich drastisch aus: „Sonst ist ein weltweiter Temperaturanstieg um mehr als drei Grad Celsius bis Ende des Jahrhunderts wahrscheinlich."[41]

Der Natur bleibt nur die Flucht. „Wie der Klimawandel Pflanzen und Tiere vor sich hertreibt", beschreibt der Journalist Benjamin von Brackel in seinem 2021 erschienenen Buch „Die Natur auf der Flucht"[42] die Lage. Darin berichtet er über ein bislang noch kaum beachtetes Phänomen, das aufmerksame Naturbeobachter aber seit Jahren bestätigen können: Tiere verlassen ihren angestammten Lebensraum. Auch Pflanzen suchen sich neue Standorte – höher in den Bergen oder weiter in Richtung der (noch) kälteren Pole. Brackel: „Das lässt uns den Atem stocken. Es führt uns die beeindruckende Anpassungsfähigkeit der Natur vor Augen." Weniger wohlwollend kommentiert, ließe sich auch sagen: Diese neuen Beobachtungen machen deutlich, wozu Menschen fähig sind, wenn sie die Umwelt so drastisch verändern wie zurzeit. Tiere und Pflanzen nehmen Reißaus.

Artenschutz

Das allzu egoistische Verhalten der Menschen, die sich um die Auswirkungen ihres Tuns auf Pflanzen und Tiere viel zu selten kümmern, hat drastische Folgen. Weil die Ozeane durch den Eintrag von CO_2 aus der Atmosphäre versauern, sterben die Korallen. So ändern sich unter der Meeresoberfläche die Zusammensetzungen ganzer Lebensgemeinschaften. Dazu zählt auch, dass Fischbestände schwinden – und dies bedroht wiederum auch die Ernährungsgrundlage vieler Menschen. Wir schneiden also uns mit dem Aufheizen der Erde direkt ins eigene Fleisch.

Die Vernichtung von Lebensräumen an Land durch den Menschen – die Rodung von Wäldern oder die Zerstörung von Habitaten durch zu viele Häuser, Fabriken und Straßen – macht es Tieren immer schwieriger, sich von Menschen fernzuhalten. Sie finden keine Rückzugsräume mehr. Eine der Konsequenzen spüren wir alle gemeinsam seit Beginn des Jahres 2020: Corona ist nur die bislang schlimmste Zoonose[43], die von Tieren auf Menschen übersprang. Sie hat inzwischen weltweit Hunderttausende von Menschenleben gekostet, hat ganze Volkswirtschaften lahmgelegt und Billionen aus den Staatshaushalten zu ihrer Bekämpfung gebunden.

Forscherinnen und Forscher sind sich sicher: Der Klimawandel begünstigt die künftige weitere Ausbreitung solcher Epidemien.

Weil der Klimawandel mit einer Verschiebung von Vegetationszonen das Problem nun nur noch weiter zuspitzt, wird allmählich der Zusammenhang von Klimaschutz und Artenschutz auch für solche Menschen klar erkennbar, die mit dem feinen Beziehungsgeflecht der Ökologie weniger vertraut sind. Experten des *Naturschutzbunds (Nabu)* erklären die Lage mit der anschaulichen Formel „Der Amazonas brennt, die Meere versauern, der Wald vertrocknet"[44] und legen den Finger in eine Wunde: In der Debatte über dieses Thema passiere, was nicht passieren dürfe – „Der Schutz von Arten und Lebensräumen wird als Bremse des Klimaschutzes dargestellt." Das ist genau der falsche Schluss.

Artenschützer wehren sich dagegen – zu Recht. Wir müssen den Natur- und den Klimaschutz zusammen denken. Sie sind keine Gegenspieler. Sie verfolgen beide dasselbe Ziel – den Erhalt einer lebenswerten Welt.

Nahrungs- und Existenzgrundlagen vieler Pflanzen und Tiere sind durch die regionale Verschiebung von Klimazonen aufgrund des Klimawandels ernsthaft bedroht. Die Anpassung an die neue Situation kann aber dauern, denn sie unterliegt einem von der Evolution vorgegebenen Tempo. Dieses ist meist erheblich langsamer als der augenblicklich durch Menschen getriebene Klimawandel. Dieser kann daher tödlich enden: Die Zahl der Arten, die vom Aussterben bedroht sind, steigt in einem beängstigenden Ausmaß. Die *Rote Liste*[45] verlängert sich mit jeder neuen einschlägigen biologischen Studie. Es wird in diesem Kampf ums Überleben Gewinner und Verlierer geben. Wir Menschen sind dabei im Vorteil. Wir können auf technische und technologische Hilfen bauen. Wir können ‚GreenTech' nutzen, die versucht, mit fortschrittlichen Mitteln und modernen Methoden möglichst schonend mit Ressourcen und Energie zu wirtschaften. In der Wissensgesellschaft greifen wir auf einen Fundus an Ideen und Konzepten zurück, die es uns erlauben, Fortschritt zu planen, ohne dadurch die Zukunft zu verbauen.

Gesellschaft

Selbst wenn Wissenschaftler (noch) nicht sicher wissen (können), wie sich die neuen Situationen auf verschiedene Gesellschaften auswirken werden, steht für sie doch fest, „dass vor allem arme Bevölkerungsschichten unter den Folgen zu leiden haben"[46]. So zitiert das *Institut für Klimaschutz, Energie und Mobilität e.V. (IKEM)* aus den Arbeiten des *Wissenschaftlichen Beirats der Bundesregierung Globale Umweltveränderungen (WBGU)* und des *Weltklimarats*. Denn der Klimawandel verändert auch die Möglichkeiten der Bauern, Felder zu bestellen und Ernten einzufahren. In der Folge drohten Hungersnöte.

Damit ist ein dauerhaftes Anschwellen von Flüchtlingswellen eine direkte Folge des Klimawandels. Dieser kann uns Menschen in den reicheren Ländern also nicht egal sein. Wir werden mit den Konsequenzen des Klimawandels leben müssen, denn er wird auch unsere Gesellschaften verwandeln – zumindest indirekt über die Zuwanderung aus den direkter betroffenen Ländern.

Der Platz auf der Erde wird enger. Nicht nur, weil wir immer mehr Menschen sein werden. Wenn die Prognosen der Demographen richtig sind, werden bereits in 30 Jahren knapp 10 Milliarden auf dem Planeten leben. Jede Sekunde wächst die Weltbevölkerung auf der Erde um 2,5 Menschen an. Diese wachsende Anzahl von Menschen muss zudem auf immer weniger Raum miteinander klarkommen. Denn der Klimawandel lässt die Pegel der Ozeane anschwellen. Den Küsten drohen Flutwellen. Ganze Metropolen versinken wohl bald im Meer. Dort aber wohnen schätzungsweise 200 Millionen Einwohner schon heute auf Höhe des Meeresspiegels. Laut *World Ocean Review*[47] werden es bis Mitte des laufenden Jahrhunderts aber schon bis zu 500 Millionen sein, deren Heimat von Überflutungen bedroht ist oder bereits unter Wasser steht.

Da bleiben Spannungen kaum aus. Dabei ist der enger werdende Siedlungsraum bloß eines der Probleme, die der Klimawandel hervorbringt. Ein weiteres und wohl ebenso dramatisches hat mit Corona seit 2020 einen allen geläufigen Namen. Die Übertragung von Krankheiten, das schreiben Wissenschaftler der *Universität Cambridge*, des *Potsdam-Instituts für Klimafolgenforschung (PIK)* und der Universität Hawaii-Manoa, werde zunehmen: Weil sich Insekten weiter in Regionen ausbreiten, in denen es heute noch zu kalt ist für sie, vor allem aber, weil die klimatischen Veränderungen bessere Lebensbedingungen für Fledermäuse schafft. Sie gelten als wichtige Überträger von Viren – auch auf uns Menschen. Die Forscherinnen und Forscher kennen 3.000 Varianten von Erregern in Fledermäusen[48].

Es gibt keine Sonntagsrede namhafter Politiker mehr ohne Hinweise auf die Bedeutung der Nachhaltigkeit, und in allen Wahlprogrammen ist vom Klimaschutz die Rede – allein: Noch immer hapert es an konkretem Handeln.

Als 2006 ein britischer Ökonom im Dienste der Weltbank die finanziellen Auswirkungen zu laschen Einschreitens gegen den Klimawandel in der Sprache der Wirtschaftsleute formulierte, war der Aufschrei vielstimmig und laut. Sir Nicolas Stern hatte in seinem Bericht[49] an den *Weltklimarat IPCC* die Milliardenschäden berechnet, die der Wandel des Klimas die Menschheit und die Ökonomien der Nationen kostet. Er kam dabei auf 5,5 Billionen Dollar bis ins Jahr 2100[50]! Ähnliche Fakten präsentieren neuere Forschungen. Sie revidieren die alte Rechenmethode, wonach jedes Grad Temperaturanstieg zu einer Minderung der wirtschaftlichen Leistung von 1 Prozent auf der Erde führe. 2020 nun zeigt eine neue Studie des *Potsdam-Instituts für Klimafolgenforschung (PIK)* und des *Mercator Research Institute for Global Commons and Climate Change (MCC)*, dass dies zu optimistisch kalkuliert war. „Steigende Temperaturen machen uns weniger produktiv, was insbesondere für draußen arbeitende Menschen in der Bauindustrie oder der Landwirtschaft relevant ist. Sie betreffen unsere Ernten und bedeuten zusätzliche Belastungen und damit Kosten für unsere Infrastruktur, weil zum Beispiel Rechenzentren gekühlt werden müssen. Durch die statistische Auswertung von Klima- und Wirtschaftsdaten der letzten Jahrzehnte haben wir festgestellt, dass die aggregierten wirtschaftlichen Schäden durch steigende Temperaturen sogar noch größer sind als zuvor geschätzt. Wir haben dabei die Auswirkungen auf regionaler Ebene untersucht, die ein vollständigeres Bild ergeben als die nationalen Durchschnittswerte", zitiert ein Branchenportal der Energiewirtschaft eine beteiligte Wissenschaftlerin des PIK[51]. Diese Summen schrecken auf. Sie leiten einen neuen Debatten-Strang in der Klimaschutzdiskussion ein. Wie seinerzeit der *Stern*-Bericht dem Klimaschutz Respekt bei den Ökonomen verschaffte, so öffnen die neuen Berechnungen der Klimaforscher unsere Augen für die Gefahr, die der Klimawandel auch und gerade für die Ökonomie birgt. Seit 2006 begannen die Debatten über den Wert von Natur. Die Protagonisten kalkulierten den Schatz der Arten. Der Stern hatte in seinem auf 650 Seiten ausgebreiteten Report einen Wert für CO_2 als wichtige Regulierungsmaßnahme angeregt. Gut eineinhalb Jahrzehnte ist dieser – erst zaghaft und bei weitem nicht ausreichend – in Deutschland festgeschrieben. Er soll einmal helfen, das Klima zu schützen, weil damit die Produktion von Treibhausgasen immer teurer wird und sich irgendwann nicht mehr lohnt. Das Ziel der CO_2-Bepreisung: Die Mechanismen des Markts – als wohl einzige Sprache, die Ökonomen verstehen und akzeptieren – würden, so die Hoffnung, wirken.

Das freilich hatte die deutsche Bundesregierung bereits mit dem weltweit ersten Stromeinspeise-Vergütungsmodell von 1990 erkannt und danach gesetzlich verankert, dass ökonomische Vorteile den Um- und Einstieg in die Ökostromproduktion – und damit in den Klimaschutz – für viele Investoren lukrativ machen sollten.

Das gilt gleichfalls für das scheinbar letztgültige Argument: Arbeitsplätze. Jahrzehntelang blockierten Unternehmen mit ihm jeglichen Einstieg in den Umwelt- und Klimaschutz. Sie wetterten stets, dass ökologisch Sinnvolles wirtschaftlich leider nicht tragbar sei. Sie malten dabei den Verlust von Arbeitsplätzen als Mene-tekel an die Wand. Dabei ist seit Jahren bewiesen, dass etwa die Energiewende genau das Gegenteil bewirkt: Der Bau von Windrädern oder Photovoltaikanlagen schaffen neue und technologisch anspruchsvolle Arbeitsplätze. Das Bundeswirtschaftsministerium zieht eine äußerst ermutigende Bilanz der Energiewende: „Der Umbau der Energieversorgung geht mit erheblichen Investitionen einher. Diese Investitionen setzen zugleich Impulse für Wachstum und Beschäftigung in Deutschland. Diese Effekte auf die deutsche Volkswirtschaft wurden in verschiedenen Vorhaben im Auftrag des Bundesministeriums für Wirtschaft (BMWi) umfassend empirisch analysiert."[52] Wirtschaftliche Vorteile gehen also sehr wohl mit mehr Klimaschutz Hand in Hand. Ihn zu blockieren, kostet am Ende Milliarden.

Migration und Klimawandel

Tuvalu, das kleine Inselreich im Südpazifik, ist zum Symbol geworden: Das nur knapp über den Meeresspiegel ragende Atoll droht als einer der ersten von Menschen bewohnten Staaten von den Wellen des Ozeans verschluckt zu werden. Die Bewohner der Inseln verlieren damit ihre Heimat – und werden zu Klima-Flüchtlingen.

2015 wurde den Menschen in Deutschland und Europa erstmals bewusst, was dies bedeuten kann. Damals drängten etwa eine Million Flüchtlinge, vorwiegend aus den Krisenregionen Syrien, Afghanistan oder dem Irak zu uns, weil sie vor Krieg und Gewalt, aber auch vor den ersten damals bereits erkennbaren Folgen der Erderwärmung flohen[53]. Bomben und Gewalt waren der Auslöser dieser Fluchtwelle. Ihre Ursachen gründen aber ebenso in vermehrten Dürren, im Hunger, der die Menschen plagt, und in Perspektivlosigkeit. 2015 brauchte es eine immense Gemeinschaftsleistung in Deutschland und ein Machtwort der Kanzlerin – „Wir schaffen das!" –, um eine Willkommenskultur zu etablieren. Schon damals gab es Gegenwehr, weil viele ihren Besitzstand bedroht sahen und Ängste vor den Fremden schürten.

Die Integration der Zugewanderten ist eine Mammutaufgabe. Ganz Europa als reicher Kontinent droht an ihr zu scheitern, weil die Europäer sich bedroht und belästigt fühlen von Menschen, die in Afrika und Asien keinen anderen Ausweg mehr erkennen, als ihr Leben übers Mittelmeer zu retten und im Norden ein neues Auskommen zu finden.

Denn der Flüchtlingsstrom, der Europa 2015 überrollte, war bloß das Vorgeplänkel und vielleicht ein Muster für das, was uns allen gemeinsam in Zukunft bevorsteht. „Der Klimawandel vertreibt jedes Jahr Millionen Menschen und ist inzwischen ein entscheidender Grund für Flucht und Migration", beschreibt der evangelische Entwicklungsdienst *Brot für die Welt*[54] die Aussicht. Der *Norwegian Refugee Council* schätzt, dass Umwelt- und Klimaveränderungen seit 2008 jedes Jahr im Durchschnitt 26 Millionen Menschen vertrieben haben. Ein Ende dieses Dramas ist nicht abzusehen: „Im südlichen Afrika, Lateinamerika und Südasien könnten bis zum Jahr 2050 mehr als 140 Millionen Menschen ihr Zuhause durch Dürren, Missernten, Sturmfluten und steigende Meeresspiegel verlieren", zeichnet *Brot für die Welt* das düstere Szenario, für das wir uns wappnen müssen.

Jakob von Uexküll, der Stifter des Alternativen Nobelpreises, blickt mit Sorge in die Zukunft: „Wenn

Europa nicht mit einer Million Kriegsflüchtlingen klarkommt, wie soll es mit 200 Millionen Klimaflüchtlingen umgehen?"[55], zitiert ihn die *Bundeszentrale für Politische Bildung (bpb)* und markiert damit den Kern des Problems: Wir müssen uns allen den Folgen des Klimawandels stellen, denn wir alle haben ihn mit verursacht – mit unserem Lebensstil, mit unserer Art zu wirtschaften und zu konsumieren, mit unserem Freizeitverhalten und mit unseren Speiseplänen.

Die gute Botschaft lautet: Wir können etwas daran ändern.

Konzepte liegen auf dem Tisch

Alles weiß: Im sonnigen Kalifornien setzen Aktivisten und Stadtplaner auf Farbe, um die Folgen der immer heißeren Tage erträglicher zu gestalten. Dächer: weiß, Straßenbeläge: weiß, Hauswände: am besten auch weiß oder wenigstens begrünt. Denn auch die Isolierschicht zwischen den Pflanzen und der Wand schützt Haus und Bewohner vor zu großer Hitze in den Räumen. So wollen sie die Sonnenstrahlen rasch ins All zurückwerfen.

Diese Methode ist nicht neu. Schon die alten Griechen wandten sie an. Die weißen Dörfer der Ägäis zeugen noch heute davon und locken als Tourismus-Magneten Urlauber in das Mittelmeerland.

Mit noch größerer technischer Raffinesse planen Geo-Ingenieure. Sie setzen auf eine Mischung aus Hightech und ausgeklügeltem Design oder hilfreicher Chemie. Sie wollen das Phänomen ‚Klimaerwärmung' mit der Überlegenheit ihres Wissens und ihrer Kenntnis wissenschaftlicher Prozesse besiegen. Etwa, indem sie extra kleine Partikel in die Atmosphäre schießen, die dort zu verstärkter Wolkenbildung beitragen. Das soll die Sonneneinstrahlung abschirmen. Manche gar träumen davon, die Strahlen der Sonne mit riesigen Spiegeln umzulenken und gleich wieder ins All zu leiten. Auf dem Schneeferner, einem Gletscher unterhalb der Zugspitze, legten Techniker bereits große Planen aus. So wollen sie das Abschmelzen des Eises im Sommer verhindern. Andere planen, die Ozeane zu düngen, um die durch den höheren CO_2-Gehalt drohende Versauerung der Meere abzuwenden.

Dies alles sind bei weitem keine reinen Phantasien oder Utopien spleeniger Technik-Freaks. Dauer-Optimisten wie Microsoft-Gründer Bill Gates setzen sogar auf Atomkraft, weil sie kein CO_2 erzeuge. Was natürlich eine Milchmädchen-Rechnung ist: Der Bau der Meiler, die Gewinnung und Verarbeitung des Urans und die bis heute ungelöste Frage der Endlagerung sind in diese Kalkulation nicht eingepreist. Allein die Suche nach einem geeigneten Standort verschlingt bereits viele Milliarden.

Trotz der immer wieder auftauchenden Skepsis, ob solch technischer Klimaschutz funktioniere: Die Zahl der vorgeschlagenen Varianten und Versuche, zu viel in die Atmosphäre entlassenes CO_2 wieder einzufangen und zu verwahren, ist groß. Erste Anlagen laufen. Schon jedoch beginnt der Streit über die Frage, was mit dem wieder eingesammelten Kohlenstoff gemacht werden kann: weiter verwenden in neuen Verfahren und Produkten? Oder doch besser tief in die Erde versenken und dort sicher bunkern? Eine Debatte, die mitunter fatal an jene erinnert, die wir seit Jahrzehnten ergebnislos über Atommüll führen.

Also doch besser dafür sorgen, dass von vornherein gar nicht zu viel CO_2 entsteht! Diesen Ansatz des Vermeidens oder wenigstens Verringerns halten Wissenschaftler für den vernünftigsten.

Kaum ein Klimaschützer, ob Wissenschaftler oder Aktivist, glaubt noch wirklich daran. Dennoch hat die Marke Bestand: Über 1,5 Grad Celsius (°C) darf die Erde sich nicht gegenüber der vorindustriellen Zeit erwärmen. Die Folgen wären zu drastisch. Deshalb haben sich die Verhandler des Pariser Klimaabkommens an dieser Zielmarke orientiert. Denn sie gilt unter Klimawissenschaftlerinnen und Klimawissenschaftlern als Kipppunkt. Jenseits davon verändert sich ein fürs Klima wichtiges Element, etwa die abschmelzenden Eismassen der Pole oder die Strömungsverhältnisse der Ozeane, so stark, dass dessen Auswirkungen nicht mehr zu berechnen sind. Dann kommt der Klimawandel an einen ‚Point of no return': „Werden diese fürs Klima so wichtigen Grenzwerte überschritten, werden damit Prozesse angestoßen, die wir nicht mehr zurückdrehen können und nicht mehr kontrollieren können", so der Bayerische Rundfunk[56]. Es ist ein *Worst-case*-Szenario: Die Erde würde zum Glutofen.

Zu solchen Kipp-Punkten zählen Expertinnen und Experten das Abschmelzen der Gletscher in Grönland oder der Eiskappen an den Polen, das Auftauen der Permafrostböden auf der nördlichen Hemisphäre des Globus, die Versauerung der Meere oder die Freisetzung des heute noch vereisten Methans am Grund der Ozeane. Die Ausbreitung der Wüsten zählt ebenso dazu wie der Kollaps der großen Wälder, wie am Amazonas, und die Störung der Wettersysteme, etwa des ‚El Niño' und des asiatischen Monsun[57].

Anfang 2021 dann der Schock: Wissenschaftler der *Weltorganisation für Meteorologie (WMO)* verkünden in ihrem neuesten Bericht, dass die 1,5-Grad-Marke bereits zwischen 2021 und 2025 mit einer Wahrscheinlichkeit von 90 Prozent überschritten werde[58].

Wie schwierig es sein wird, diese Temperaturgrenze doch noch einzuhalten, tritt uns vor Augen, wenn wir anhand der Wetteraufzeichnungen erkennen, dass die Erde sich bereits seit Beginn der regelmäßig erfassten meteorologischen Daten im Jahr 1881 um 1,5 Grad erwärmt hat – allerdings mit stetig zunehmender Dynamik. Zunächst unmerklich geblieben, ist die Aufheizung inzwischen deutlich mess- und spürbar. Sie noch zu leugnen, ist töricht.

Forscherteams rekonstruierten aus Sedimenten und Bohrkernen das Klima und dessen Schwankungen in den zurückliegenden Millionen Jahren – bis zurück ans Ende der Kreidezeit, als noch Dinosaurier über die Erde trotteten. Sie wollen besser verstehen, was geschah. Sie wollen erkennen, was Menschen machen müssen, um wenigstens die schlimmsten Folgen des Klimawandels zu mildern. Die Wissenschaftler entdeckten seit der Kreidezeit Temperatursprünge, die durchaus höher waren als jene, die wir heutzutage im Klimawandel erwarten. Allerdings waren das Änderungen, die sich über Jahrmillionen hinweg vollzogen. Inzwischen verändert das menschliche Zutun das Klima in einer Spanne von Jahrzehnten. Schon die nächste Generation wird damit leben müssen, was die Heutige angerichtet hat.

Abwarten kostet viel Geld

Das Argument der Öko-Optimisten führt ins Aus: Sie warnten vor einer kalkulierten Klimaschutz-Hysterie, die lediglich Fördergelder abgreifen wolle. Das verschlinge immense Summen für nichts. Diese Gelder aber fehlten dann an Stellen, an denen wir sie bräuchten. Zielgerichteter als Panikmache, so die Vertreter dieser Denkrichtung, sei eine ungetrübte Bilanz ökologischen Verhaltens. Die Erfolgsgeschichte der Umweltbewegung könne, richtig weitergedacht und zeitgemäß interpretiert, in einer von Technik getriebenen Welt des 21. Jahrhunderts ans Ziel führen.

Sie wollten die Warnungen, die es bereits vor zehn Jahren gab, nicht wahrhaben: Die Zeichen stehen im wortwörtlichen Sinn auf Sturm. Allein die 2020 durch Naturkatastrophen verursachten Schäden beziffern Wissenschaftler des *University College London* und der Nichtregierungsorganisation *Carbon Disclosure Projekt (CDP)* auf 4,6 Billionen Euro. Im Jahr 2200 würden die Kosten für die Schadensbehebung, die der Klimawandel erzeugt, dann sogar rund 17-mal höher liegen[59].

Dass uns der Klimawandel teuer zu stehen kommt, beschrieb schon Nicholas Stern. Effektiver Klimaschutz, heißt es in seinem Report von 2006 (!), würde ein Prozent der weltweiten Wirtschaftsleistung kosten. Wenn wir unseren Lebensstil und unsere Art zu arbeiten nicht ändern, müssen wir für die dann eintretenden Folgen fünf- bis zwanzigmal so viel bezahlen, schrieb der Ökonom[60]. Sein Fazit bereits damals: Die Auswirkungen des Klimawandels wären viel teurer als konsequente Gegenmaßnahmen.

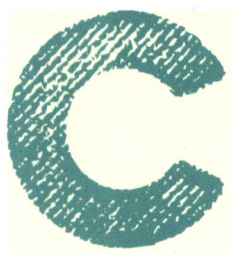

HANDELN

Viele der Tipps, wie wir aktiv Klimaschutz betreiben und der Erde gegen die steigenden Temperaturen helfen können, finden Sie in diesem Buch.

Denn Klimaschutz funktioniert grundsätzlich nicht anders als Naturschutz oder Umweltschutz. Das ist gut zu wissen, denn das erleichtert es vielen, mitzumachen. Sie kennen sich bereits aus. Daher können sie sofort anfangen.

Was immer gut ist, stellen wir hier an den Beginn: Neben vielen einzelnen Aktionen hilft es dem Klimaschutz ganz grundsätzlich, wenn sich Menschen generell fürs Klima engagieren: in Verbänden oder Vereinen, in Parteien, Gewerkschaften oder in den Kirchen. Dort finden sich in der Regel rasch Gleichgesinnte. Dort lassen sich Aktionen planen und umsetzen. Und dort gibt es weitere Akteurinnen und Akteure, die die Idee des Klimaschutzes begeistert aufnehmen und in die Welt tragen. Je mehr, desto besser!

Denn noch ist es nicht zu spät. Das sagt Klimaschutz-Spezialist Manfred Fischedick. Der Energietechniker vom *Wuppertal Institut* macht allen, die sich ums Klima kümmern, Mut: „Es wird Veränderungen geben, aber deren Intensitäten lassen sich noch begrenzen."[61] Die *Frankfurter Rundschau*[62] berechnete die Zeit, die uns bleibt, um das Pariser 1,5-Grad-Ziel doch noch zu schaffen: Bei gleichbleibendem Ausstoß an CO_2 wie derzeit ist das Budget von 350 Milliarden Tonnen, das die Erde noch dafür zur Verfügung hat, in neun Jahren aufgebraucht.

Wir Menschen sollten uns also sputen!

Vorsicht Falle

Kleine Erfolge – große Enttäuschung: Die Freude über einen Fortschritt in Richtung Klimaschutz kann sich schnell ins Gegenteil verkehren. Daher gilt: Aufpassen! Es macht keinen Sinn, sich ein Sprit sparendes Fahrzeug zu kaufen und mit ihm dann viel mehr zu fahren, weil es ja so schön wenig Kraftstoff braucht und daher günstiger ist als ein Spritschlucker.

Statt einem Pluspunkt für mehr Klimaschutz vermasselt uns in solchen Fällen der ‚Rebound-Effekt' die Tour: Die Bilanz solchen Handelns läuft nicht auf einen positiven Klimaschutz-Effekt hinaus, weil wir mit dieser Änderung unseres Verhaltens vielmehr einen Schaden am Klima anrichten. Der Rebound-Effekt kann dazu führen, dass sich das Verhalten der Nutzerinnen und Nutzer ändert und so paradoxerwie ungewollterweise ins Negative umschlägt: „Sie verbrauchen mehr – die ursprünglichen Einsparungen werden teilweise wieder aufgehoben"[63].

Das hat noch zusätzliche Folgen. Es kann dazu führen, dass Verbraucherinnen und Verbraucher das Geld, das sie dank eines umwelt- oder klimafreundlicheren Produkts gespart haben, in zusätzlichen Konsum investieren und sich weitere Geräte kaufen. Mit deren Nutzung aber schaden sie möglicherweise dem Klima.

Nachdenken, bevor wir etwas tun, schützt uns davor, dass wir es mit dem Klimaschutz gut meinen, aber falsch handeln.So können wir vermeiden, dass der gute Wille am Ende ein negatives Ergebnis erzielt.

KLIMASCHUTZ IM EIGENEN HEIM

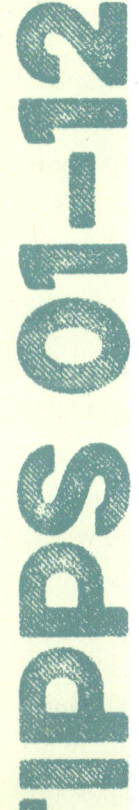

Klimaschutz-Wissenschaftler Hans-Joachim Schellnhuber, der am *PIK* in Potsdam forscht und Kanzlerin Merkel in Sachen Klimaschutz beraten hat, propagiert die „Bauwende". Sie soll ein neues Kapitel in der Klimapolitik aufschlagen. Sonst fürchtet der Experte, dass die Anstrengungen des Pariser Klimaschutz-Abkommens scheitern – ist doch der Bau- und Wohnsektor mit einem Anteil von 40 Prozent „das eigentliche Schwergewicht unter den Emissionsquellen, die den Klimawandel befeuern"[64]. Vor allem die Materialien und deren Herstellung tragen dazu bei. Deshalb schwebt dem Forscher vor, statt Beton und Stahl oder Glas organische Bauwerkstoffe wie Holz oder Bambus zu nutzen. „Wenn wir mit nachwachsendem Material statt Beton oder Aluminium bauen, trocknen wir die CO_2-Quellen aus und stärken zugleich die Kohlenstoffsenken, weil wir Wälder nachhaltig bewirtschaften."

In unserem eigenen Umfeld können aber auch wir selbst aktiv sein. Die folgenden 50 Tipps geben Hinweise, wie das geht.

Zudem haben wir zu jedem der subjektiven 50 Tipps mit unserem „Klimaschutz-Index" eine Skala entwickelt, die mit dem Quotienten aus dem (angenommenem) Nutzen im Verhältnis zum (geschätzten) Aufwand den Wert jeder Maßnahme vergleichbar einzuordnen helfen kann. Jeder Leserin und jedem Leser erleichtert die Kennzahl also die Entscheidung, wo sie oder er am besten beginnt, sich für mehr Klimaschutz zu engagieren.

Wir sind (zu) faul geworden

Darum geht es

Natürlich ist das praktisch: Am Schalter drehen, und schon läuft oder leuchtet es. Zahlreiche Maschinen erleichtern unseren Alltag. Sie rühren, saugen, wärmen, fahren uns, schleppen, heben, schrubben für uns ... Zwar rühmt sich der Wirtschaftsminister, Deutschland zähle zu den Europa-Meistern der Energieeffizienz[65]. Das aber heißt nicht, dass wir diese technische Perfektion auch immer sinnvoll beim Klimaschutz einsetzen – siehe: Rebound-Effekt (Seite 61). Manchmal dürfen wir uns – im Sinne des Klimaschutzes – auch gerne einmal die Frage beantworten: Brauchen wir all diese kleinen Helferlein wirklich?

So geht es

Hier gilt: Weniger kann mehr sein. Ob Zähne putzen, Wäsche trocknen, Laub entfernen oder mal eben rüber zu Freunden rollern – vieles funktioniert heute mit Motor-Antrieb. Zugegeben, manchmal ist das nützlich, weil Lasten (zu) schwer oder Entfernungen (zu) weit sind. Oft aber ist es unnötig, da wir Muskeln besitzen, die wir in Armen oder Beinen ebenso zum Antrieb oder Schleppen brauchen können. Fragen Sie sich daher: Geht es nicht auch mit Muskelkraft? So sparen Sie Energie. Das heißt dann: Weniger CO_2 in der Atmosphäre, also: besser für den Klimaschutz.

Unser Klimaschutz-Index	1	2	3	4	5
Aufwand			x		
Ergebnis			x		

INDEX 1

Tipp

Der Verzicht ist gesund: Wer radelt oder Taschen selbst schleppt, strengt sich an. Das stärkt die Konstitution, der Körper wird fitter und bleibt eher gesund.

Plus für den Klimaschutz

Wir haben genug Energie: Die Sonne schickt jeden Tag über 4.200 Billionen Kilowattstunden Energie auf die Erde. Diese Energie eines einzigen Tages reicht über 400 Jahre für alle[66]. Trotzdem gilt es überflüssigen Verbrauch zu vermeiden, solange wir Energie aus fossilen Quellen erzeugen und so den Klimawandel befeuern. Verzichten Sie auf Unnötiges wie Klimaanlagen, Laubbläser oder E-Scooter und setzen Sie ihre Geräte richtig ein: LED statt Glühlampen, kein Standby, Wäsche kälter waschen, Stahlross statt Elektrovehikel. Wenn es gelingt, so nur 300 Kilowattstunden pro Nase und Jahr zu sparen, reduzieren wir unseren Energieverbrauch im deutschem Durchschnitt um 20 Prozent.

Ihr Erfolg

Sie können dabei Geld sparen. In unserer Rechnung immerhin knapp 100 Euro pro Jahr im Vergleich zum deutschen Durchschnittsverbrauch.

Darum geht es

Seit Anfang 2021 haben Elektrogeräte in Europa ein neues Energielabel. Es zeigt, wie sparsam Waschmaschinen, Staubsauger, TV-Geräte oder Heizungen sein können. Vergleichen lohnt. Zumal die neuen Label jetzt zudem zeigen, ob ein Gerät auch reparierbar ist – das spart dann Material und Aufwand, wenn's mal klemmt. Langlebigkeit steigert die Qualität. Sie ist ein Beitrag zum Klimaschutz.

So geht es

Achten Sie beim Kauf eines Geräts auf dessen Verbrauch und entscheiden Sie sich für ein energiesparendes und reparierbares Produkt. Das Label mit den Effizienzklassen A bis G informiert darüber.

Tipp

Weltweit verbraucht etwa die Beleuchtung mehr Energie, als alle Atom- und Wasserkraftwerke zusammen produzieren können. Der Umstieg auf LED-Leuchten ist also sinnvoll[67]. Sie sparen etwa 80 Prozent Energie ein[68].

Unser Klimaschutz-Index	1	2	3	4	5
Aufwand			x		
Ergebnis				x	
INDEX 1,33					

Pluspunkt für den Klimaschutz

Elektrogeräte können unser Leben erleichtern. Kochen, Trocknen, Bügeln jedoch fressen etwa 30 Prozent unseres Energiebudgets im Haushalt. 23 Prozent entfallen auf das Kühlen (von Lebensmitteln). Bereits auf Rang 3 rangiert mit 17 Prozent – Tendenz steigend! – unsere Elektronik fürs Arbeiten am Computer oder fürs Spielen, für Musik, TV oder Streaming. Hier schlummert Sparpotenzial für einen aktiven Klimaschutz.

Ihr Erfolg

Wenn Sie neben dem geringeren Energieverbrauch bei der Nutzung von Hausgeräten auch gleich von Beginn an die Reparierbarkeit bedenken, können Sie den Ressourcenverbrauch einschränken. Das spart erneut Energie und Geld, weil Sie weniger oft Neugeräte kaufen müssen.

03 Nicht nur der Letzte knipst das Licht aus

Darum geht es

Die gut 40 Millionen Haushalte in Deutschland verbrauchten 2018 laut *UBA* rund 644 Milliarden Kilowattstunden Energie[69]. Das war ungefähr so viel wie 1990. Das zeigt an: Wir nutzen Energie durchaus effizienter als vor 30 Jahren. Aber: Der Löwenanteil ging dabei fürs Heizen drauf – auch, weil immer mehr Menschen in größeren Wohnungen leben – mit mehr Geräten drin. Das Fazit: Wir müssen wieder sparsamer mit Energie umgehen. Heißt: unnötigen Verbrauch vermeiden.

So geht es

Wir wissen es schon lange: Bequemlichkeit kostet, und zwar unnötig. Das TV-Gerät ständig auf Standby, den PC Tag und Nacht angeschaltet und das Licht in den Stuben auf Festbeleuchtung, obwohl niemand drin ist: Schalten Sie aus, wenn Sie energiegetriebene Geräte nicht wirklich benötigen.

Tipp

Wenn Sie sicher sein wollen, dass alle „versteckten" Stromverbraucher auch wirklich aus sind, ziehen Sie den Netzstecker. Viele Geräte laufen sonst weiter, weil sie etwa interne Uhren haben, die zwar nur kleine Energie-Mengen abzapfen, diese aber stetig. Übrigens: Ladegeräte (z. B. für Handys), deren Trafo ständig läuft, gehören zu den am häufigsten übersehenen Stromschluckern[70].

Unser Klimaschutz-Index	1	2	3	4	5
Aufwand	x				
Ergebnis				x	
INDEX 4					

Pluspunkt für den Klimaschutz

Zwar sinken die CO_2-Werte pro erzeugter Kilowattstunde Strom in Deutschland bereits, dennoch erspart auch jede weitere nicht verbrauchte Kilowattstunde elektrischen Stroms laut UBA der Atmosphäre 400 Gramm des Treibhausgases[71]. Übrigens: Auch Kleinvieh macht (viel) Mist: Ein Klopfring statt einer Klingel an der Wohnungstür spart im Jahr 35 Kilowattstunden. Nicht viel? Wenn nur 25 Millionen Haushalte auf diese „Technik" zurück greifen würden, kämen bereits 100 Megawatt Energieeinsparung zusammen.

Ihr Erfolg

Leuchtdioden (LED) als Lichtquellen verbrauchen nur 10 Prozent des Stroms einer Glühbirne. Außerdem können sie mit LED wesentlich vielfältigere Lichtfarben erzeugen. Das macht Ihre Wohnung heimeliger.

04 **Wasser: Nicht zum Waschen da**

Darum geht es

Mit 710 Litern pro Quadratmeter regnet in Deutschland ausreichend Wasser vom Himmel. Das können wir nutzen, um Gärten zu wässern, oder es anstelle von trinkbarem Wasser für Waschzwecke oder die WC-Spülung zu verwenden. Denn Wasser wird – auch in Deutschland – durch den Klimawandel immer rarer. Im Sommer müssen manche Gemeinden bereits mit Tankwagen versorgt werden[72]. Für die Bundesregierung gilt: „Zwischen Wasser- und Energiesektor bestehen enge Verbindungen"[73]. Aufbereitung, Transport, Entsorgung und die Bereitstellung von Warmwasser verschlingen Energie. Daher ist auch Wassersparen Klimaschutz.

So geht es

Wasser ist kostbar. Trinkwasseraufbereitung ist teuer. Daher sollten wir, wenn möglich, statt Trinkwasser aus dem Hahn so genanntes „Grauwasser" aus Regentonnen oder vom Hausdach für den Garten oder die WC-Spülung nutzen.

Tipp

Wer Regenwasser zum Wäschewaschen nutzt, braucht in der Waschmaschine meist weniger Chemie. Denn Regenwasser ist in der Regel weicher. Das ist ein zusätzliches Plus für die Umwelt, da es hilft Waschmittel einzusparen.

Unser Klimaschutz-Index	1	2	3	4	5
Aufwand				x	
Ergebnis		x			
INDEX 0,5					

Pluspunkt für den Klimaschutz

Extremere Wetterlagen durch den Klimawandel treiben auch den Wasserpreis der Versorger nach oben. Sie müssen sich für Dürren wappnen oder Hochwasserschäden einkalkulieren[74]. Somit hilft Wassersparen dabei, Baumaßnahmen zu vermeiden, die ihrerseits auf den Wasserpreis umgelegt werden würden.

Ihr Erfolg

Nach einer langen Phase, in der der Wasserverbrauch in Deutschland stetig sank, klettert er seit 2018 wieder. Wer weiter sparsam mit dem Leitungswasser bleibt, kann dies am Geldbeutel spüren: Jeder Liter kostet im Schnitt 0,2 Cent.

 **Doppelt hilft besser**

Darum geht es

Aus Eins mach Zwei: Wer aus dem eingesetzten Rohstoff sowohl Energie – hier: Strom – erzeugt als auch die Prozesswärme zum Heizen verwendet, setzt die Ressource effizient und klimafreundlich ein. Der Branchenverband *Kraft-Wärme-Koppelung* propagiert diese Energie als „blauen" Strom und „blaue" Wärme.

So geht es

Die Industrie nutzt diese Technologie, weil sie damit Geld spart. Auch private Häuser können profitieren, in dem sie entweder Wärme aus einem solchen Werk beziehen und quasi das Abfallprodukt einer Produktion zum Heizen nutzen oder aber selbst eine Kraft-Wärme-Koppelung installieren.

Tipp

Erkunden Sie bei Ihrem Energieversorger, wie effizient dieser seine Ressourcen nutzt. Wechseln Sie gegebenenfalls zu einem Anbieter, der Energie möglichst klimafreundlich produziert.

Unser Klimaschutz-Index	1	2	3	4	5
Aufwand				x	
Ergebnis					x
INDEX 1,25					

Pluspunkt für den Klimaschutz

Der Wirkungsgrad eines Heizkraftwerks kann bis zu 90 Prozent betragen. Er nutzt die Abwärme der Strom-erzeugung für Heizzwecke. Damit ist es der getrennten Bereitstellung von Strom – mit einem Wirkungsgrad von 40 bis 50 Prozent – überlegen.

Ihr Erfolg

Blauer Strom kommt meist aus dem Kraftwerk nebenan oder dem eigenen Keller. So wirbt die Branche: „Die dezentrale Erzeugung benötigt keine verlustbehafteten, langen Übertragungswege. Dafür werden Arbeitsplätze vor Ort geschaffen und erhalten."[75]

 **Die richtige Mischung macht's**

Darum geht es

Wind, Sonne, Wasser, Biomasse oder Erdwärme gelten als klimafreundliche Energieträger. Sie machten 2020 in Deutschland mit 488 Milliarden Kilowattstunden erstmals mehr als die Hälfte der gesamten Stromproduktion aus[76]. Weltweit zählt das zu den eher guten Werten. Noch ist nämlich der Hauptenergieträger das Öl. Und: Eineinhalb Jahrzehnte lang wird es auch in Deutschland noch Strom aus Kohlemeilern geben, die fossile Ressourcen verbrennen und CO_2 in die Atmosphäre pumpen. Atomstrom ist hierzu keine Alternative, weil die Entsorgung des Strahlenmülls noch immer ungeklärt bleibt. Um die Energiewende abzuschließen, gilt es den Umstieg zu fördern.

So geht es

Fragen Sie ihren Lieferanten. Das schafft Klarheit (für Sie) und erhöht den Druck auf die Energieproduzenten, künftig (noch) klimafreundlichere Energie zu liefern. Achten Sie beim Wechsel darauf, dass der Versorger nicht „schummelt". Nehmen Sie ausschließlich zertifizierten Ökostrom ab.

Unser Klimaschutz-Index	1	2	3	4	5
Aufwand		x			
Ergebnis					x
INDEX 2,5					

Tipp

Seit über 20 Jahren beobachtet das *Grüner Strom-Label*[77] den Anbietermarkt und trennt die Spreu vom Weizen. Dort finden Tarifwechsler einen guten Überblick über ökologische und faire Energieanbieter.

Pluspunkt für den Klimaschutz

Wenn möglichst viele Verbraucherinnen und Verbraucher auf zertifizierten Ökostrom umsteigen, gelingt die Energiewende schneller. Das hilft dem Klima, weil dann weniger CO_2 aus der Verbrennung fossiler Rohstoffe die Atmosphäre belastet.

Ihr Erfolg

Wer sich z.B. auf Vergleichsportalen vorab informiert, kann beim Anbieterwechsel des Energielieferanten weiteres Geld sparen. Somit ist nicht nur dem Klima geholfen.

Darum geht es

Im Sommer kühlen, im Winter heizen. Um unsere Wohnung richtig zu temperieren, setzen wir viel Energie ein. Laut *UBA* verbraucht die Heizung „im Haushalt am meisten Energie und verursacht damit mit Abstand am meisten CO_2"[78]. Eine Studie der *Schweizerischen Materialprüfungsanstalt* rechnet wegen der steigenden Temperaturen durch den Klimawandel bis zur Jahrhundertmitte zudem mit einem Energiebedarf fürs Kühlen der Zimmer nahezu in gleicher Höhe wie fürs Heizen[79]. Dem gilt es entgegenzuwirken.

So geht es

Manchmal hilft ein Pullover. Wer dank warmer Kleidung seine Räume auch nur um ein Grad Celsius weniger heizen muss, reduziert seinen Energiebedarf um bis zu 6 Prozent[80]. Um im Sommer die Wohnung abzukühlen, genügt oft der ganz natürliche Luftdurchzug oder auch ein Abdunkeln der Zimmer während draußen die Sonne vom Himmel brennt.

Tipp

Eine begrünte Fassade oder ein bepflanztes Dach helfen, das Klima im Haus zu regulieren. Regelmäßiges Überprüfen der Heizung und richtiges Entlüften der Anlage kann die Wirkung um bis zu 15 Prozent verbessern.

Unser Klimaschutz-Index	1	2	3	4	5
Aufwand			x		
Ergebnis					x
INDEX 1,6					

Pluspunkt für den Klimaschutz

Je weniger Energie wir fürs Heizen oder Kühlen einsetzen, desto mehr schützen wir das Klima. Die Wahl des Brennstoffs entscheidet: Holz brennt CO_2-neutral, belastet aber mit Feinstaub. Die höchsten CO_2-Werte haben Erdöl-Heizungen[81]. Die beste Lösung ist die Eigenproduktion mit Ökostrom aus Wind und vor allem aus der Sonne.

Ihr Erfolg

Bei steigenden Heizkosten in Deutschland rät der Mieterbund zum Umstieg auf ‚Erneuerbare'. Für Eigentümer sind bis zu 45 Prozent der Kosten eines solchen Umstiegs staatlich förderfähig[82].

08 Platz sparen, Boden schonen

Darum geht es

Wir breiten uns immer mehr aus. Der Pro-Kopf-Anspruch an Wohnfläche in Deutschland steigt: im zurückliegenden Jahrzehnt um über 5,5 Prozent. Und mit ihm steigt auch der Energiebedarf, da die Flächen „beleuchtet, beheizt, möbliert, gereinigt und instand gehalten werden"[83] müssen. Im Frühjahr 2021 schockte Grünen-Fraktionschef Anton Hofreiter[84] mit einem angeblichen Verbot des Baus von Einfamilienhäusern. Dabei stimmt es: Die Siedlungs- und Verkehrsfläche in Deutschland hat sich von 1992 bis 2019 von 40.305 auf 51.489 Quadratkilometer ausgedehnt – ein Plus von fast 28 Prozent[85]. Wir beschneiden für unseren Wohnraum – und für Straßen oder Fabriken – Naturflächen, roden Wald, planieren Böden, die wir eigentlich für den Klimaschutz brauchen.

So geht es

Wir leben auf Kosten der Natur und verringern damit Flächen, die den Klimawandel im Zaum halten können. Wälder absorbieren CO_2, wandeln es sogar um in Sauerstoff, den wir atmen. Sorgen wir also dafür, dass wir uns nicht noch weiter ausbreiten und Natur vernichten. Auch gesunder Ackerboden speichert Kohlenstoff. Denn er ist (auch) Lebensraum für Tiere und Pflanzen. Vielmehr sollten wir weiteres Grün in die Städte holen. Bäume und Parks verhindern das Aufheizen urbaner Plätze.

Unser Klimaschutz-Index	1	2	3	4	5
Aufwand			x		
Ergebnis				x	
INDEX 1,3					

Tipp

Wie sich Gutes mit Nützlichem verbindet, zeigt sich in Andernach. In der ersten „essbaren Stadt"[86] Deutschlands können Bürger und Besucher auf Verkehrsinseln oder in Parks Gemüse ernten. Statt Beton und Verkehr soll Natur das Bild der Stadt am Rhein prägen.

Pluspunkt für den Klimaschutz

Mehr Grün in Kommunen sorgt für eine vorsorgende, resiliente Anpassung an den Klimawandel und mildert dessen nachteilige Folgen für die Bewohner.

Ihr Erfolg

Grün in der Stadt beruhigt die Seelen[87] der Bewohner. Pflanzen reinigen zudem die Luft in den Städten[88]. Hier wirkt sich der Klimaschutz also direkt auf die Gesundheit aus.

 **Nicht nur Geschmackssache**

Darum geht es

Ob beim Bau eines Hauses oder bei der Einrichtung: Die Wahl des Materials entscheidet auch über Klimaschutz. Beton etwa hat einen großen CO_2-Rucksack, jede Tonne verursacht rund 100 Kilogramm CO_2[89]. Holz dagegen ist ein Baustoff, der beim Wachsen aus Treibhausgas Sauerstoff produziert hat. Die Wahl des Werkstoffs ist eben nicht nur Geschmackssache.

So geht es

Dem Baustoff Holz gehört nach Ansicht von Experten die Zukunft. Sogar Hochhäuser lassen sich damit konstruieren. Auf dem Areal des Ex-Flughafens Tegel entsteht in Berlin das größte Holzhausquartier der Welt[90] – für klimaneutrales Wohnen. Wichtig dabei ist aber: Kein Holz aus tropischen Wäldern verbauen! Deren Abholzung schadet dem Klima. Der Wald in Deutschland speichert laut Forstinventur gut 1,169 Milliarden Tonnen Kohlenstoff – das sind ca. 4,3 Milliarden Tonnen CO_2[91].

Tipp

Wer Tropenwälder schützen hilft, bewahrt zugleich einige der wichtigsten Hotspots der Artenvielfalt.

Unser Klimaschutz-Index	1	2	3	4	5
Aufwand				x	
Ergebnis				x	
INDEX 1					

Pluspunkt für den Klimaschutz

250 Milliarden Tonnen Kohlenstoff sind in den Bäumen tropischer Regenwälder gebunden. Sie puffern den Klimawandel ab. Wer Holz als Baustoff oder Material für Möbel verwendet, fördert nachhaltige Waldwirtschaft. Die wiederum stärkt die Wälder in ihrer Pufferfunktion.

Ihr Erfolg

Nachhaltige Wälder reinigen nicht nur die Luft, filtern in ihren Wurzeln Wasser und halten Erosion auf. Sie sind zudem auch Erholungs-Orte, an denen wir Natur erleben. Das steigert Glück und Gesundheit.

Darum geht es

2020 hat Baden-Württemberg „Schottergärten" verboten[92]. Sie verhindern die Artenvielfalt im Siedlungsraum. Das Bundesamt für Naturschutz fördert Projekte, die mehr Vorgärten zu Insektenparadiesen machen[93]. Das hilft zugleich beim Klimaschutz, denn Grünflächen dämpfen den Temperaturanstieg in Städten.

So geht es

Bäume statt Beton: Der Präsident der *NatureLife*-Stiftung fordert als Aspekte eines aktiven Hitzemanagements in Kommunen (mehr) Grünanlagen, den Bau von Zisternen zum Bewässern der Parks sowie Frischluftschneisen gegen den Hitzestress[94] der Stadtbewohner.

Tipp

Das Naturbewusstsein der Menschen in Deutschland steigt[95]. Wenn wir mehr Naturerlebnis-Möglichkeiten in unsere städtischen Lebensumfelder hineinholen, kommt dies neben dem Klimaschutz auch diesem Bedürfnis entgegen.

Unser Klimaschutz-Index	1	2	3	4	5
Aufwand			x		
Ergebnis					x
INDEX 1,66					

Pluspunkt für den Klimaschutz

Die bebauten und versiegelten Flächen der Städte heizen sich extremer auf als Gebiete auf dem Land. Grünflächen wirken dem entgegen, bewachsene Fassaden und Dächer oder Brunnen und Bäche unterstützen den Effekt.

Ihr Erfolg

Ein Spaziergang im Park hilft gegen Stress[96]. „Wir werden ruhiger und unser Geist wird klarer beim Wandern durch den Wald", fanden britische Wissenschaftler in Studien heraus.

Darum geht es

Natürliche Energiequellen, die nicht das Klima belasten, haben wir auf der Erde genug. Allein die Sonne sorgt pro Quadratmeter in Deutschland für etwa 240 Watt[97]. Und fast 14 Prozent der Landfläche Deutschlands eignen sich für die Nutzung der Windenergie. Nach einer Analyse des *UBA*[98] vom Frühjahr 2021 liegen „selbst im ungünstigsten Fall die entstehenden Treibhauspotenziale pro erzeugter Kilowattstunde Wind- und Photovoltaikstrom um ein Vielfaches unter denen konventioneller Stromerzeugungsarten".

So geht es

„Mit einer Photovoltaikanlage auf dem Dach können wir kochen, kühlen und die Elektronik im Haus betreiben. Mit einem Speicher lässt sich der Solarstrom selbst nachts nutzen. Kleine Anlagen gibt es mittlerweile sogar für Mieter: Per Netzstecker speisen die ‚Plug&Play'-Module den Strom ins Wohnungsnetz. Bereits kleine 300-Watt-Module, die auf einem Balkon montiert sind, sind ab 500 Euro erhältlich. Sie erzeugen je nach Standort bis zu 300 Kilowattstunden Strom im Jahr", weiß die Verbraucherzentrale Bremen[99].

Unser Klimaschutz-Index	1	2	3	4	5
Aufwand			x		
Ergebnis					x
INDEX 1,6					

Tipp

Um die Energiewende anzutreiben, gibt es Fördergelder für die private Ökostromerzeugung. Den Überblick dazu hat die staatliche Kreditanstalt für Wiederaufbau[100]. Und wer selbst kein eigenes Kraftwerk installieren will, kann gemeinsam mit anderen in einer Bürgergenossenschaft seinen „eigenen" Ökostrom erzeugen.

Pluspunkt für den Klimaschutz

Im Jahr 2019 haben Erneuerbare Energien im Vergleich mit dem Jahr 2000 so über 203 Millionen Tonnen CO_2 Äquivalente eingespart[101].

Ihr Erfolg

Wer mehr Ökostrom erzeugt, als er selbst verbraucht, kann mit dieser Klimaschutzmaßnahme durch die Einspeisung ins Netz sogar noch zusätzliches Geld erlösen.

Darum geht es

Die auf die Erde treffende Sonnenstrahlung wieder ins
All reflektieren: Mit dieser simplen Idee wollen Haus-
besitzer und Stadtverwaltungen – etwa in Kalifornien[102]
– ein einfaches Geo-Engineering-Prinzip anwenden,
das in Griechenland seit Jahrhunderten funktioniert:
Weiße Wände und Dächer heizen sich weniger auf. Das
spart Energie für die Kühlung. Das Leben in weißen Dör-
fern und Städten ist in Zeiten des Klimawandels erträglicher. Dieser Effekt soll nun auch auf Fahrbahnen aus-
geweitet werden.

So geht es

Versuche in Los Angeles lassen hoffen: Dort streichen
Bauarbeiter die Fahrbahnen mit weißer Spezialfarbe
(das scheint ganz „normale" Farbe zu sein. Die Farbe
wird vermutlich mehr Titandioxid enthalten, vielleicht
auch Nanopartikel ... das ist zwar umstritten, aber –
selbst als Lebensmittelzusatz – zugelassen!). Effekt:
Statt 43 Grad Celsius misst die Temperatur über der
weißen Fahrbahn nur 36 Grad.

Tipp

Helle Vorhänge oder Rollos können ebenfalls verhindern, dass sich Wohnräume aufheizen. Damit lässt sich
Zusatzenergie für eine Klimaanlage einsparen.

Unser Klimaschutz-Index	1	2	3	4	5
Aufwand		x			
Ergebnis				x	
INDEX 2					

Pluspunkt für den Klimaschutz

Würden alle Dächer weiß gedeckt, könnten 40 Prozent der kommunalen Gebiete das Sonnenlicht besser zurückstrahlen. Weiße Fahrbahnen erhöhen die Reflexion in Städten um weitere 15 Prozent, so errechneten Studien in den USA. Damit ließe sich die Erderwärmung um knapp ein halbes Grad minimieren[103].

Ihr Erfolg

Forscher in den USA entwickelten das „weißeste Weiß". Diese Farbe reflektiert so viel Sonnenstrahlen, dass ein mit ihr gestrichenes Dach bei einer Größe von 100 Quadratmetern eine Kühlleistung von 10 Kilowatt hat[104].

Atomkraft: Bestimmt keine gute Lösung

Auch durch häufiges Wiederholen wird die These nicht richtiger: Atomkraft sei klimafreundlich, denn durch sie entstehe kein Treibhausgas. Das stimmt eben nicht! „Atomstrom ist keineswegs CO_2-neutral", sagt klipp und klar das *UBA*[105].

Die Befürworter der These verschweigen Fakten. Sie wollen erreichen, dass die strahlenden Meiler möglichst doch über das 2011 demokratisch verabredete ‚Aus' für die Kernkraft Ende 2022 hinaus verlängert werden. Sie setzen auf eine Zukunft ihrer (laut *Greenpeace*[106] bis 2022 mit mindestens 304 Milliarden Euro subventionierten) Gewinne.

Doch jeder Tag, an dem wir Energie durch die Spaltung von Atomkernen freisetzen, vergrößert das Problem mit dem radioaktiven Müll. Ohnehin werden wir bis 2080 laut Schätzung des Bundesumweltministeriums auf rund 650.000 Kubikmeter Atommüll sitzenbleiben. Das vor 60 Jahren begonnene Experiment weist also eine denkbar miese Bilanz auf: „Zwei Generationen haben von der Stromversorgung profitiert, mindestens 40.000 Generationen werden mit dem Müll leben müssen", kommentiert der *Spiegel* das Abenteuer[107].

Von wegen CO_2-frei: Uranabbau, Brennelemente-Produktion, Kraftwerksbau und -rückbau sowie Endlagerung verschlimmern den Klimawandel. Um wieviel, das ist für die Experten des *UBA* wegen der ungeklärten Endlagerung (noch immer) nicht zu berechnen. Der *Weltklimarat IPCC*[108] ging 2014 aber davon aus, dass pro Kilowattstunde Atomstrom bis zu 110 Gramm CO_2-Äquivalente in die Atmosphäre gelangen[109]. Im Vergleich mit Steinkohle (900 Gramm) zwar besser – aber natürlich niemals klimaneutral.

Es macht also nicht nur keinen Sinn, auf eine gefährliche Technologie zu setzen. Es ist auch selbstzerstörerisch. Das zeigen die Unfälle in Tschernobyl oder in Fukushima, und sie waren nicht die einzigen.

Zusätzlich würde eine Laufzeitverlängerung der Atommeiler laut Studien des *Fraunhofer Instituts* den zügigen Ausbau der Erneuerbaren Energien in Deutschland um etwa ein zusätzliches Jahrzehnt verzögern[110]. Das wäre kontraproduktiv für den Klimaschutz.

MOBILITÄT

Der Rückgang der Mobilität übertraf während der Pandemie seit 2020 selbst jenen der Ölkrise am Ende der 1970er-Jahre. Damals waren die Bilder leerer Autobahnen um die Welt gegangen. Selbst der Finanzschock von 2008 hatte keine solch gravierenden Auswirkungen auf das Verkehrsgeschehen und die Reisefreudigkeit der Menschen. Für die Forscher am *Zukunftsinstitut* läutet Corona daher den Einstieg in eine „neue Epoche"[111] ein.

2,4 Milliarden Tonnen weniger Kohlendioxid in der Atmosphäre[112] bedeuteten 2020 eine echte Verschnaufpause für die vom Klimawandel gebeutelte Erde. Hauptgrund war das geänderte Mobilitätsverhalten: Weniger Pendler, weniger Geschäftsflieger und fast keine Urlaubsreisen.

Leider blieb dies nur eine kurze Phase der Erholung für den Planeten. Kaum floriert die Wirtschaft wieder, setzt ein Wettlauf um verlorene Marktanteile ein. Es gilt Scharten in den Bilanzen auszuwetzen, den Konsum anzukurbeln und die Umsätze in einst gewohnte Höhen zu treiben. Der Klimaschutz darf da nicht bremsen. Fatales Fazit: Nichts gelernt!

Dabei kennen Nachhaltigkeits- und Zukunftsforscher die Wege, die in eine klimafreundliche Zukunft weisen. Sie wissen, wie wir sie gehen müssen: Es gilt die Verkehrsinfrastruktur frisch zu ordnen und den Menschen neue Mobilitäts-Angebote zu bieten. Für Stefan Carsten vom *Zukunftsinstitut* muss „Bewegung im Raum zum spielerischen Erlebnis" werden[113]. Er plädiert für eine flexible Nutzung von Verkehrsmitteln statt für den Besitz von Fahrzeugen. Er setzt auf neue Bewegungszonen im öffentlichen Raum, die das Nebeneinander von Fußgängern, Radlern und Autos konfliktfreier möglich machen – für ein Mehr an urbaner Lebensqualität[114].

TIPPS 13-18

Darum geht es

Corona war – neben allem menschlichen Leid, das die Pandemie hervorrief – auch eine ökonomische Katastrophe: Der Flugverkehr über Deutschland brach um 85 Prozent ein[115], Airlines wie etwa die Lufthansa kamen ins Trudeln, der Staat musste Milliarden bereitstellen, um ihren Absturz abzuwenden. Ein Höhenflug mit unsanftem Ende wie einst bei Ikarus. Stewardessen und Fluglotsen verloren Jobs, Frachtarbeiter mussten in Kurzarbeit, mancher Pilot in Frührente. Andererseits wurde dafür die Luft reiner. Das Klima profitierte von der Entlastung. Nun geht es darum, Lehren aus dieser Erfahrung zu ziehen: Die Verlagerung von Kurzstreckenflügen auf die Schienen könnte eine davon sein. Obwohl das *UBA* nur etwas über zwei Millionen Tonnen CO_2-Äquivalente pro Jahr dem innerdeutschen Luftverkehr zuschreibt – das sind 0,28 Prozent der insgesamt rund 800 Millionen Tonnen deutscher Klima-Emissionen[116]. Den Klimaschützern des Portals *CO₂online* gilt Fliegen aber dennoch als „die klimaschädlichste Art zu reisen"[117].

So geht es

Kaum gekürt, machte Grünen-Kanzlerkandidatin Annalena Baerbock schon dadurch von sich reden, dass sie angeblich die Abschaffung von Kurzstreckenflügen forderte[118]. Wahr oder nicht: Weniger zu fliegen, ergibt für den Klimaschutz Sinn.

Unser Klimaschutz-Index	1	2	3	4	5
Aufwand		x			
Ergebnis					x
INDEX 2,5					

Tipp

Noch eine Erkenntnis aus der Zeit der Pandemie: Mancher Arbeitsweg lässt sich vermeiden, indem wir Videokonferenzen nutzen. Das verschafft uns zudem oft viel Zeit, die wir ansonsten auf Reisen in Autos, Zügen oder im Flugzeug verbringen. Die widmen wir besser unseren Freunden und Familien.

Pluspunkt für den Klimaschutz

Der Verzicht auf eine Flugreise bringt ein dreifaches Plus für den Klimaschutz: Laut *CO$_2$online* wirken „die ausgestoßenen Stoffe in großer Höhe stärker auf den Treibhauseffekt" – sie seien mit dem Faktor Drei zu bewerten[119].

Ihr Erfolg

Wenn Sie aufs Fliegen verzichten, helfen Sie dem Klima. Eine Reise von Hamburg nach München erzeugt bei einer Hin- und Rückfahrt im ICE 34,4 Kilogramm CO_2 pro Person, im Flugzeug sind es stolze 308 Kilogramm[120].

Darum geht es

Erst Klopapier und Nudeln – dann Fahrräder. Das Hamstern während der Pandemie trieb seltsame Blüten. Der Ausverkauf der Stahlrösser signalisiert aber eher Gutes, belegt ein Umdenken im Verkehr. Wer Rad fährt, schützt das Klima. Denn der CO_2-Ausstoß im Verkehr ist seit 1990 nicht gesunken! Das muss und kann sich ändern.

So geht es

Ganz einfach: Aufsteigen und losradeln. Das Radfahren erspart gegenüber dem Autofahren täglich rund 3,2 Kilogramm Kohlendioxid, berechnete ein Forscherteam, das gut 3.800 Personen in sieben EU-Städten befragt hatte[121]. Wichtig: Die meisten unserer Wegstrecken sind eher kurz. Starten wir extra dafür den Motor eines Autos, ist dies besonders klimaschädlich, weil Kaltstarts besonders viele Emissionen verursachen.

Tipp

Wer viel mit dem Rad unterwegs ist, bleibt schlank. Eine Stundentour im Sattel eines Fahrrads mit sportlichen 20 bis 25 Stundenkilometern und der Körper hat 500 Kalorien verbrannt[122].

Unser Klimaschutz-Index	1	2	3	4	5
Aufwand		x			
Ergebnis				x	
INDEX 2					

Pluspunkt für den Klimaschutz

Fahrradfahren produziert kein CO_2 – wenn wir einmal
außer Acht lassen, dass wir dann mehr atmen und dabei Kohlendioxid ausstoßen. Für Räder braucht es keine
breiten Straßen und vor allem viel weniger Parkraum.
Wer 1.000 Kilometer weniger Auto und stattdessen Rad
fährt, kann pro Jahr 250 Kilogramm CO_2 sparen[123].

Ihr Erfolg

Radfahren hält fit. Beim Radfahren erlebt man die Umgebung „hautnäher" und lernt sie unmittelbarer kennen, hört Vögel, riecht Blütenduft. Außerdem stärkt
man seinen Kreislauf und damit sein Immunsystem.

Darum geht es

Jeweils 23 von 24 Stunden eines Tages verbringen die 65 Millionen Autos[124] in Deutschland stehend auf ihren Parkplätzen. Wir nutzen die in ihnen verbauten Ressourcen also ziemlich ineffizient. Zudem beanspruchen wir durch die stehenden Wagen viel Platz, der so für die Landwirtschaft (unsere Ernährung), für Natur (unsere Erholung) oder den Klimaschutz (etwa Wald als CO_2-Speicher) verloren ist. Und: „Der Parksuchverkehr macht allein 30 bis 40 Prozent des innenstädtischen Gesamtverkehrs aus", weiß selbst der *ADAC* (also die Autolobby). Besser wäre es daher, wenn nicht jeder und jede ein eigenes Auto besitzen, sondern diese Fahrzeuge – wenn tatsächlich benötigt –zu mehreren nutzen würden: Carsharing ist Klimaschutz.

So geht es

Je weniger wir Auto fahren, desto besser fürs Klima. Natürlich ist das Kfz ab und an nützlich: für Reisen, für Transporte. Aber dann können wir doch auch auf eine allgemein verfügbare Flotte zurückgreifen. Nicht der Besitz ist doch gefragt, sondern die Nutzung. Dafür gibt es Mietwagen, Sammeltaxis und inzwischen nahezu überall Carsharing-Angebote.

Unser Klimaschutz-Index	1	2	3	4	5
Aufwand		x			
Ergebnis				x	
INDEX 2					

Tipp

Carsharing spart Geld: Das Verbrauchermagazin *Finanztip* errechnete, dass pro Person die jährlichen Carsharing-Kosten bei 5.000 Kilometern Fahrtweg zwischen 900 und 1.500 Euro niedriger liegen als die Kosten eines eigenen Autos[125].

Pluspunkt für den Klimaschutz

Dinge gemeinsam zu nutzen, liegt im Trend – und erspart der Umwelt viel unnötiges CO_2. Laut *UBA* könnten gemeinschaftlich genutzte Pkw den Treibhausgas-Ausstoß „um sechs Millionen Tonnen senken"[126].

Ihr Erfolg

Wer (noch) ein eigenes Auto hat, kann mit Carsharing seine Kosten senken. Wer eines besitzt, kann es vermieten – und hilft damit seinen Mitmenschen, dem Klima und dem eigenen Geldbeutel.

Darum geht es

Die eigenen Füße, das Rad, Bus oder Bahn sind die besseren Klimaschützer. Wer aber dennoch auf den Spaß am Autofahren nicht verzichten will, kann auch durch möglichst klimaschonendes Fahren einen gewissen Beitrag leisten.

So geht es

Vergessen Sie den Bleifuß: Sanft anfahren und im möglichst großen Gang rollen spart Sprit (und damit Treibhausgas). Langsamer fahren ebenfalls: Mit einem konstanten Tempo von 120 auf den Autobahnen „ließen sich jährlich rund drei Millionen Tonnen CO_2 einsparen", berechnet der VCD[127].

Tipp

Langsamer zu fahren, heißt meist auch leiser zu fahren. Das ist wichtig, da Lärm viele Menschen stresst. Mit Tempo 30 statt 50 in Wohngebieten sparen Sie zudem 12 Prozent Treibstoff[128] – so ist leises Fahren auch Klimaschutz. Und übrigens: Es ist auch sicherer.

Unser Klimaschutz-Index	1	2	3	4	5
Aufwand			x		
Ergebnis					x
INDEX 1,66					

Pluspunkt für den Klimaschutz

Das Karlsruher Klimaschutz-Urteil vom Frühjahr 2021 ließ die Debatte aufflammen: Darf die Regierung das Autofahren einschränken, um das Klima zu schützen? Der Effekt davon jedenfalls wäre groß: 72 Prozent der CO_2-Emissionen in Europa[129] stammen aus dem Straßenverkehr, 60,7 Prozent aus unseren Pkw.

Ihr Erfolg

Klimaschutz spart der Volkswirtschaft viel Geld. Das *UBA* hat die Kosten für 2016 berechnet. Sie beliefen sich auf 164 Milliarden Euro pro Jahr – Tendenz steigend. Es lohnt also, hier seinen eigenen Beitrag beizusteuern, und bei der Mobilität weniger CO_2 zu erzeugen – davon profitieren dann alle.

Darum geht es

Kennen Sie alle Sehenswürdigkeiten und Naturschönheiten in Ihrer Umgebung? Vermutlich nicht – denn leider zieht es uns meist eher in die Ferne, wenn wir an Urlaub denken. Aber: „Je weiter der Weg, desto größer der CO_2-Ausstoß", erklärt *Oxfam*[130]. Besonders Flugreisen schlagen zu Buche: Sie produzieren 380 Gramm CO_2 pro Kilometer[131]. Auch ein Mittelklasse-Auto ist nicht besonders klimafreundlich. Es erzeugt 100 Gramm CO_2 pro Kilometer.

So geht es

Planen Sie die schönsten Wochen des Jahres sorgfältig: Vielleicht finden sich ja näher gelegene Ziele, vielleicht klimafreundlichere Verkehrsmittel (Bus, Bahn, Fahrrad). Verringern Sie Ihr Gepäck, denn Gewicht verursacht mehr Energieverbrauch und damit mehr CO_2-Ausstoß. Und wählen Sie eine klimafreundliche Unterkunft. Je mehr Urlauber ihre Reisezielanbieter danach fragen, desto eher steigt das Angebot.

Tipp

Im Urlaub brauchen wir oft Dinge, die wir das restliche Jahr über nie benutzen: Schlafsack, Camping-Utensilien, Landkarten usw. Statt sie extra zu kaufen, können wir sie auch leihen. Das spart nicht nur Stauraum unterwegs, sondern auch Ressourcen und Energie in der Produktion.

Unser Klimaschutz-Index	1	2	3	4	5
Aufwand			x		
Ergebnis				x	
INDEX 1,3					

Pluspunkt für den Klimaschutz

Jede und jeder Dritte in Deutschland macht zwei Urlaubsreisen im Jahr, die mindestens fünf Tage dauern. Jeder Sechste fährt sogar häufiger in Urlaub[132].

Ihr Erfolg

Wer dennoch in fremde Regionen aufbricht, sollte das mit Respekt vor den Menschen und der Natur dort tun. Achtsamkeit auf Reisen heißt: Keinen Müll wegwerfen, Energie sparen, Traditionen respektieren. Das macht auch das Urlaubserlebnis intensiver. Und der Tourismus ist für immerhin 8 Prozent der weltweiten CO_2-Emissonen verantwortlich[133]: Klimaschutz im Urlaub also macht Sinn.

Alle(s) für den Klimaschutz

Darum geht es

In der Hauptstadt von Estland ist der ÖPNV seit Jahren kostenlos[134], Baden-Württemberg will ihn bis 2030 gegenüber 2010 verdoppeln[135]: Öffentlicher Nahverkehr gilt als ein Schlüssel, um den Klima-Fußabdruck wesentlich zu verringern. Laut *VCD* verursacht er „zwei Drittel weniger CO_2 als Fahrten mit dem eigenen Pkw"[136].

So geht es

Lassen Sie – zumindest für die vielen Routinestrecken und meist kurzen Wege – Ihr Auto in der Garage. Gehen Sie zu Fuß, fahren Sie mit dem Rad – oder eben mit Bus, Straßenbahn oder U-Bahn.

Tipp

Sich chauffieren zu lassen, entstresst meist auch. Wir müssen nicht selbst auf den Verkehr oder die Route achten. Im Bus und in der Bahn können wir lesen, mit Mitfahrenden klönen oder schlummern.

Unser Klimaschutz-Index	1	2	3	4	5
Aufwand			x		
Ergebnis					x
INDEX 1,6					

Pluspunkt für den Klimaschutz

Laut *Statista* liegt der ÖPNV unter den Verkehrsträgern in Deutschland gemeinsam mit der Eisenbahn mit Abstand an der Spitze. Wer Straßen-, Stadt- oder U-Bahn fährt, verursacht dabei 55 Gramm CO_2 pro Personenkilometer. 80 Gramm sind es im Linienbus – bis zu satten 143 Gramm jedoch im Auto.

Ihr Erfolg

Fahrten mit Bus und Bahn sind meist billiger als mit dem eigenen Auto – auch wenn die Forderungen nach dem Klimaticket, einem subventionierten ÖPNV-Fahrschein, der durch mehr Fahrten in Bus und Bahn das Klima schonen kann, noch nicht durchgesetzt sind. In der Rechnung des Autobesitzers schlagen nämlich nicht nur Anschaffungskosten, Versicherungen, Steuer und Reparaturen zu Buche, sondern auch der Wertverlust. So kommen pro Monat schon einmal 300 Euro für einen Kleinwagen zusammen, für einen Wagen der Mittelklasse gut und gerne auch 800 Euro[137].

Die Mär vom klimafreundlichen E-Auto

Elektromobilität ist ökologisch äußerst fraglich: Trotz des massiven finanziellen Anschubs der Politik, die Elektromobilität als Ausweg aus der sich anbahnenden Klimakatastrophe propagiert, zweifeln Wissenschaftler inzwischen daran, dass der Druck, mit dem der Umstieg auf Batterieautos subventioniert wird, aus Klimaschutz- und Umweltschutz-Sicht richtig ist. TV-Professor Harald Lesch jedenfalls meint: „Zu glauben, dass wir damit das Klima retten können, ist vermessen."[138]

Der ökologische Fußabdruck des Elektroautos ist doppelt so groß wie jener eines Automobils mit Verbrennungsantrieb – egal, ob Diesel oder Benziner. Das zeigt ein TV-Beitrag des WDR[139], der sich auf Forschungen am *Fraunhofer Institut ISE* bezieht. Das Ergebnis dieser Untersuchung liegt vornehmlich an der Batterie: Deren Herstellung verschlingt eine Vielzahl verschiedenster – und teilweise sehr seltener – Rohstoffe. Zudem zerstört deren Gewinnung nicht selten ganze Landstriche. Obendrein sind die Arbeitsbedingungen etwa in den Minen nicht selten ausbeuterisch und von Nachhaltigkeit weit entfernt.

„Je größer die Batterie, desto größer der Umweltschaden", kommentiert der Sender seine Recherchen. Damit ein Elektroauto auch nur annähernd so klimafreundlich fährt wie ein konventionelles Auto mit Verbrennungsmotor, so rechnet die TV-Redaktion vor, müsse es zwischen 72.000 und sage und schreibe über 160.000 Kilometer weit unterwegs sein, um den höheren CO_2-Ausstoß durch die Produktion wieder wettzumachen.

Zudem findet der Boom der E-Cars in Deutschland derzeit zu einem wesentlichen Teil bei großen Plug-in-Hybridfahrzeugen statt. Drei Viertel davon sind als Firmenwagen zugelassen, mit denen die Unternehmen Steuern sparen. Da sie aber im täglichen Betrieb in der Regel überwiegend den Verbrennungsmotor nutzen, emittieren sie deutlich mehr CO_2, als für die Berechnungen der deutschen Treibhausgasemissionen im Jahr 2030 bisher angenommen wurde. Zu diesem Ergebnis gelangten Wissenschaftler des Heidelberger *Ifeu-Instituts*[140].

KONSUM UND LEBENSSTIL

Der Begründer der *Cradle-to-Cradle*-Kreislaufökonomie hält nichts von Beschränkungen. Natur, sagt Prof. Michael Braungart, ist verschwenderisch und produziert im Überfluss. Sein Lieblingsbild für diese Fülle ist das eines blühenden Kirschbaums. Nur, und das meint er natürlich auch: Was die Natur nicht produziert, ist Abfall – im Kreislauf von Entstehen und Vergehen sind stets alle Erzeugnisse wiederverwendbar. Nach Gebrauch werden sie zu wertvollem Humus und damit zu lebensspendender Nahrung. Sie fördern damit das Wachstum neuer, anderer Organismen.

Bis die Menschen, die ‚Fortschritt‘ bislang ausschließlich als linear und in der Regel als aufwärts weisend definieren, dieses Kreislaufdenken ähnlich perfekt beherrschen, kann es noch dauern – selbst wenn die Losung unter zeitgenössischen Ökonomen inzwischen tatsächlich zur *Circular Economy* als Leitbild tendiert. Bis dahin sollten wir uns wenigstens darauf konzentrieren, die gröbsten Fehler zu mildern, die unsere bisherige Denkart und die daraus resultierende Wirtschaftsweise hervorbringen. Mit ihnen nämlich schädigen wir unsere Umwelt und das Klima.

Dabei geht es heute freilich nicht (mehr nur) um asketische Zurückhaltung. Auf Mäßigung war die Vision von Nachhaltigkeit gegründet, die das *Wuppertal Institut für Klima, Umwelt, Energie* in zwei Studien von 1996 und 2008 („Zukunftsfähiges Deutschland") für die Umweltschützer des *BUND* sowie die kirchliche Entwicklungsorganisation *Misereor* erarbeitete. Diese Studien eröffneten die Debatte um das Spannungsfeld zwischen planetaren Grenzen und globaler Gerechtigkeit. Sie sind bis heute die Basis für viele Debatten um ein auch für die Erde verträgliches Leben und Wirtschaften.

Mit Verzicht aber sind nicht viele Menschen – oder jedenfalls viel zu wenige – zum Mitmachen und Anpacken zu motivieren. Das gilt auch für den Klimaschutz. Es muss also einen anderen Weg geben. Wir brauchen einen Lebensstil, der die Begrenztheit unserer Ressourcen und Möglichkeiten anerkennt und der dennoch dazu anleitet, die kreative Kraft, die die Menschen evolutionär erworben haben und die sie von den meisten anderen Arten unterscheidet, zum Wohle aller Bewohner des Planeten einzusetzen. Diese Fähigkeiten müssen wir mit Empathie paaren. So können wir jene ,Skills' entfalten, die uns helfen, Klima und Umwelt zu bewahren und dabei dennoch angenehm zu leben.

Wichtiger Baustein in diesem Mosaik ist ein neuer Konsumstil. Er muss vor allem ein bewussterer sein. Als Antrieb darf nicht länger die individuelle Kraft und die Herrschaft über Andere – auch über die Natur – dominieren. Ziel darf nicht länger nur der eigene Profit sein: Denn überleben kann der Mensch nur in Gemeinschaft – auch in der mit allen anderen Arten auf der Erde.

19 Weniger ist mehr

Darum geht es

Auch wenn es Argumente dafür gibt, das Motto „Weniger ist mehr" anzuzweifeln (wer hat schon etwas gegen mehr Engagierte im Klimaschutz?): Im Kern trifft es ins Schwarze. Das Streben nach Maximierung treibt im Rahmen begrenzter Ressourcen den Planeten in den Ruin. Glück im Sich-Bescheiden zu finden, heißt die Lösung. Dabei gilt es zwischen Egoismus und Verantwortung zu wählen. „Egal welche Produkte wir kaufen, unser Konsum hat Folgen für die Umwelt"[141], sagte Ex-*UBA*-Chefin Marie Krautzberger. Seien wir uns dessen stets bewusst.

So geht es

Jedem Konsum einer Ware gehen deren Produktion, Vertrieb und Transport voraus. Jeder Konsum hinterlässt Müll, den wir beseitigen müssen. In jedem Fall verbraucht Konsum Rohstoffe und Energie. Das trägt zum Klimawandel bei. Daher gilt es, bewusst zu leben und seinen Konsum zu hinterfragen.

Tipp

Konsumenten sind, auch wenn es die Werbestrategen gern so sehen wollen, keine Lemminge. Sie haben Macht. Konsumboykott fördert das Umdenken der Anbieter von Waren. Das haben bereits Ölkonzerne und Pelzhändler zu spüren bekommen. Wie Statistiken zeigen, erweist sich die Macht der Verbraucher beispielsweise an ihrer Nachfrage nach Bioprodukten oder Ökostrom sowie am Trend zum Carsharing.

Unser Klimaschutz-Index	1	2	3	4	5
Aufwand			x		
Ergebnis				x	
INDEX 1,3					

Pluspunkt für den Klimaschutz

40 Prozent der deutschen Pro-Kopf-CO_2-Emissionen stammen aus dem privaten Konsum[142]. Nach Angaben des *Statischen Bundesamtes* verursacht jede Person in Deutschland dadurch etwa acht Tonnen CO_2 pro Jahr[143]. Bewusst einzukaufen, verändert Angebote. „Die Eier bio, der Kaffee fair gehandelt: Wer bewusst einkauft, kann die Welt verändern", konstatiert die *Süddeutsche Zeitung*. Die richtige Produktwahl hilft dem Klimaschutz.

Ihr Erfolg

Das Streben nach Glück – „The Pursuit of Happiness" – ist bereits in der US-Unabhängigkeitserklärung von 1776 verankert. Auch heute bewegt es uns - sei es im dänischen ‚Hygge'-Prinzip, im Konzept vom ‚Bruttonationalglück' (‚Gross National Happiness') in Bhutan oder in der Unterscheidung Erich Fromms zwischen Sein und Haben.

Teilen schafft Mehrwert

Darum geht es

Es muss nicht jede und jeder alles haben. Viele Dinge brauchen wir nur für bestimmte Zwecke und nur für eine kurze Zeit. Da ist es klüger, das Nötige mit anderen zu teilen. Das lässt viele Ressourcen unangetastet und viel Energie für die Warenherstellung unverbraucht. Teilen ist also Klimaschutz.

So geht es

Sharing liegt – vor allem bei Jüngeren – immer mehr im Trend. Sei es bei Autos, Übernachtungen, Kleidung oder Mitfahrgelegenheiten: Im Netz vermitteln über 100 Plattformen zwischen Anbietern und Nutzern[144]. Selbst Food-Sharing findet rege Abnehmer – und mindert Hunger sowie Müll.

Tipp

Dinge zu leihen, kann auch heißen, sie erst einmal zu testen, ehe man selbst dafür Geld investiert. Teilen hilft also, auszuprobieren. Das macht auch ökonomisch Sinn.

Unser Klimaschutz-Index	1	2	3	4	5
Aufwand		x			
Ergebnis			x		
INDEX 1,5					

Pluspunkt für den Klimaschutz

In Deutschland und in der Schweiz leihen sich interessierte Leseratten Bücher aus öffentlichen Regalen[145]. In Indien leihen sich Bauern Traktoren samt Fahrer[146]. In Kanada gibt es schon seit 1979 eine „Bibliothek der Dinge"[147], aus der sich Handwerker Werkzeuge und Heimwerker Tipps und Rat holen. All diese Einrichtungen reduzieren die Neuproduktion und verringern klimaschädlichen Energieverbrauch.

Ihr Erfolg

In der Regel ist das kurzfristige Ausleihen günstiger als ein Neukauf von Geräten (die dann in der Ecke stehen). Und es ist kommunikativ. Sie können dabei neue Menschen kennenlernen.

Darum geht es

Wie achtlos Menschen Dinge nutzen, zeigt das „neue" Müllaufkommen in der Gesundheitskrise. Obwohl wir seit Jahren über Plastikmüll debattieren, haben in Pandemiezeiten weggeworfene Schutzmasken dieses Problem noch verschlimmert[148]: Sie verschmutzen Strände, Meere, den Wald oder die Felder. Wir haben nichts gelernt! Dabei gibt es ausreichend Hilfestellung.

So geht es

Abfälle trennen: Die Wiederverwertung von Müll ist leichter, wenn er sortenrein vorliegt. Recycling spart Rohstoffe, deren Gewinnung und Verarbeitung Energie frisst und CO_2 erzeugt. Nutzen Sie dafür Ratgeber wie das „Abfall ABC"[149] der *Verbraucher Initiative*.

Tipp

‚Plogging' ist ein Trend aus Schweden, der auch hierzulande immer mehr Menschen überzeugt: Wer draußen – zum Spazierengehen oder zum Joggen – unterwegs ist, sammelt dabei nebenher Abfälle am Wegrand und liefert sie an einer Sammelstelle ab. Das macht unsere Umwelt schöner und führt – hoffentlich – zum Umdenken beim Umgang mit Abfall.

Unser Klimaschutz-Index	1	2	3	4	5
Aufwand		x			
Ergebnis				x	
INDEX 2					

Pluspunkt für den Klimaschutz

„Recycling, die energetische Nutzung von Resten sowie die Deponiegaserfassung und -nutzung tragen erheblich zur Minderung von Treibhausgasen bei", schreibt das *UBA*[150]. Zudem ist Müll ein echter Schatz: Allein in den 100 Millionen alter Handys, die wir zuhause in Schubladen bunkern, stecken je etwa 60 verschiedene Rohstoffe – darunter Gold, Silber, Platin, Palladium, seltene Erden[151]. Rund 21 Milliarden US-Dollar ließen sich jährlich durch die Wiederverwertung gebrauchter PC, Tablets, Handys oder Smartphones gewinnen[152].

Ihr Erfolg

Städte und Gemeinden in Deutschland zahlen jährlich rund 700 Millionen Euro, um Parks und Straßen von Zigarettenkippen, To-Go-Bechern und anderen Einwegprodukten zu reinigen[153]

Darum geht es

Seit Corona ist alles anders. Wir gewöhnen uns ans Homeoffice, und das Onlineshopping ist die Standardform des Einkaufens geworden. Die Digitalisierung hat Vorteile: Sie spart Wege und Zeit. Ihre Nachteile: Transporte und Lieferfahrten nehmen zu und erzeugen neues Treibhausgas. Der Energieverbrauch des Internets explodiert – wäre es ein Land, hätte dieses den sechstgrößten Energieverbrauch aller Staaten. Eine einzige Suche per Suchmaschine verbraucht 0,3 Watt.

So geht es

Meist ist es nur Bequemlichkeit, die uns von den Vorteilen des Sofa-Shoppings schwärmen lässt. Das viele Hin- und Hersenden der Waren, die wir statt im Geschäft zuhause aussuchen, lässt den Treibhausgas-Ausstoß steigen, weil wir für jede Transaktion – neben den Netzanfragen, die ja auch bereits eine Rechnerleistung verlangen – eine Lieferung und nur allzu oft auch eine Rücksendung veranlassen. Unterm Strich ein Minus fürs Klima.

Unser Klimaschutz-Index	1	2	3	4	5
Aufwand		x			
Ergebnis				x	
INDEX 2					

Tipp

UBA-Chef Dirk Messner sagt: „Die größte Stellschraube für einen ökologischen Einkauf ist die Langlebigkeit der Produkte."[154] Eine Studie seines Amtes weiß zudem, dass „große Bandbreiten und Schwankungen in den Emissionswerten bestehen"[155].

Pluspunkt für den Klimaschutz

Ambivalenz: Ohne Internet wäre die Bewegung *Fridays for Future* kaum so stark, wie sie ist. „Im digitalen Raum aufgewachsen, zeigen die Aktiven, wie Technologie eingesetzt werden kann, um den Umweltschutz voranzutreiben", schreibt die *Süddeutsche Zeitung*[156]. Aber: 2020 war das Internet auch für 1,4 Milliarden Tonnen CO_2 verantwortlich[157].

Ihr Erfolg

Wer es schafft, dem Konsumrausch zu entkommen und langlebige Produkte zu kaufen statt immer neue kurzlebige, hilft dem Klima.

Darum geht es

Plastikmüll verschmutzt unsere Erde und bedroht Tiere – vom tiefsten Meeresgrund bis auf den Gipfel des Mount Everest[158]. Mikroplastik lagert in Böden, steckt in Lebensmitteln, weht in der Luft und ist inzwischen selbst in unseren Körpern nachweisbar[159]. Es ist also ein Umweltschutzthema. Aber: Polycarbonat, Acryl oder Polyethylen setzen unter dem Einfluss von Sonnenlicht auch klimaschädliche Gase wie Methan frei. Das belegt eine Studie[160] der *University of Hawaii*. Also ist es aktiver Klimaschutz, wenn wir Plastik möglichst meiden.

So geht es

Verpackungen bestehen oft aus Kunststoffen. Versuchen Sie, darauf zu verzichten. Am schlimmsten sind Einweg-Plastikartikel. Die können sie ersetzen, indem sie eigene Transportbehälter oder Geschirr mit sich führen. Alternativen zum Plastik gibt es viele[161].

Tipp

Auch andere Verpackungen glänzen nicht wirklich mit einer guten Ökobilanz. Am besten ist es daher, Produkte möglichst unverpackt zu kaufen. Inzwischen gibt es eine Reihe von Läden, die sich darauf spezialisiert haben[162].

Unser Klimaschutz-Index	1	2	3	4	5
Aufwand		x			
Ergebnis					x
INDEX 5					

Pluspunkt für den Klimaschutz

Die Plastikbranche setzt weiter auf Wachstum. Wenn ihre Produktion und der Verbrauch ihrer Produkte so zunimmt wie geplant, könnten ihre CO_2-Emissionen bis 2030 eine Größenordnung von also 1.340.000.000 Tonnen pro Jahr erreichen[163].

Ihr Erfolg

Wer Plastik meidet, schützt Umwelt, Tiere und Gesundheit und hilft dem Klima: Denn bis 2050 kalkuliert die Branche mit jährlichen Emissionen aus der Produktion und Verbrennung von Kunststoffen von über 2,75 Milliarden Tonnen an Treibhausgasen.

Kaputt heißt noch nicht unbrauchbar

Darum geht es

Reparieren schafft Werte: Wer Altes nicht im Müll entsorgt, sondern flott macht und weiter nutzt, spart Ressourcen und vermeidet die Entsorgung. Beides sorgt für weniger Energieverbrauch. Das Plus obendrauf: Die Weiternutzung konserviert Erinnerungen.

So geht es

Selbst ist die Frau oder der Mann. Jede und jeder kann aus Altem Neues gestalten. Mit ein wenig (handwerklichem) Geschick und Kreativität entstehen aus kaputten Sachen gebrauchsfertige Waren – mitunter sogar echte Kunstwerke[164]. Anleitungen fürs Reparieren gibt es online auf Seiten wie *ifixit*[165].

Tipp

Hilfestellungen für das perfekte Reparieren gibt es in Repair-Cafés oder von Upcycling-Experten. Auch manche Verbraucherzentralen können Tipps geben.

Unser Klimaschutz-Index	1	2	3	4	5
Aufwand			x		
Ergebnis			x		
INDEX 1					

Pluspunkt für den Klimaschutz

Ressourcen schonen lohnt sich: „Werden wertstoffhaltige Komponenten durch entsprechendes Design leichter entnehmbar, könnte sich die jährliche europaweite Recyclingmenge für Kupfer um 1.031 Tonnen, für Silber um 247 kg, für Gold um 50 kg und für Palladium um 27 kg erhöhen", errechnet das *UBA*[166].

Ihr Erfolg

Umweltschützer prangern die absichtliche Beschränkung der Lebensdauer von Produkten an[167]. Die so genannte ‚geplante Obsoleszenz' soll inzwischen sogar verboten werden, weil sie unnötig Ressourcen verbraucht, den Konsum anheizt und dem Klima schadet[168].

Darum geht es

Herstellung und Verrottung (sofern die letztere überhaupt möglich ist) von Kunststoffen heizt den Klimawandel mit an: Laut ‚Plastikatlas' der *Heinrich-Böll-Stiftung* verursachen Kunststoffe so viel CO_2 wie die Energie- und die Landwirtschaft zusammen[169]. Ihre Rohstoffe sind in der Regel fossiler Art. ihre Produktion verschlingt Energie. Das größte Problem dabei: Wir nutzen immer mehr Plastik. Und das meist auch noch in Form sehr kurzlebiger Artikel, was den Verbrauch noch weiter antreibt. Das Aufkommen in den vergangenen zwei Jahrzehnten hat sich verdoppelt. Ein Trend mit Klimafolgen: Es gilt also, Kunststoffe sparsam zu nutzen – besser noch: zu vermeiden.

So geht es

Kunststoff ist praktisch: leicht (deshalb gilt er als klimafreundlich), formbar (weshalb er praktisch ist) und vor allem günstig (was Ökonomen und Verbraucher lieben). Deshalb findet er weite Anwendung. Aber: Es gibt für nahezu alle Waren aus Plastik auch klimafreundliche Alternativen – z. B. aus Glas, Holz, Papier. Auf viele Verpackungen und erst recht auf Einwegartikel lässt sich sogar ganz verzichten.

Unser Klimaschutz-Index	1	2	3	4	5
Aufwand		x			
Ergebnis					x
INDEX 2,5					

Tipp

Auch „Bioplastik" ist kein wirklicher Problemlöser. Eine Studie aus Bonn[170] zeigt, dass der Treibhausgas-Ausstoß durch eine Umstellung auf pflanzenbasierte Kunststoffe eher noch steigt.

Pluspunkt für den Klimaschutz

Nicht nur die Plastik-Produktion schadet dem Klima. Weil wir Kunststoffe oft zu wenig und zu unsauber recyceln, wird zuviel davon verbrannt. Das ist eine Vergeudung wertvoller Ressourcen – und es verschmutzt die Atmosphäre mit CO_2 – laut *Center for International Environmental Law (CIEL)* mit 52 Gigatonnen Treibhausgas bis 2050[171].

Ihr Erfolg

Wenn Sie Plastik meiden oder wenigstens stark beschränken, retten Sie damit auch viele Tiere. Diese fressen Kunststoff, der im Meer schwimmt oder in der Landschaft liegt. Daran verenden sie[172]. Und weniger Kunststoff in der Wohnung ist auch für Sie gesünder, denn aus dem Material können Chemikalien ausgasen, die krank machen[173].

Nicht jede Mode mitmachen

Darum geht es

„Die Modewelt ist das ideale Beispiel für den aberwitzigen und globalisierten Kapitalismus", kommentiert das Portal Fashion Changers die eigene Branche[174]. Die Wechsel der Moden – längst nicht mehr nur zur Sommer- und Winterkollektion – sind des Übels Wurzel. Wo es nur noch um ein Anheizen des Konsums geht, bleibt das Klima auf der Strecke. Besser wäre es, auf billig produzierte Waren zu verzichten und dafür auf Qualität zu setzen. Die lässt sich länger tragen. Das spart Ressourcen und Energie.

So geht es

Scheren Sie aus: Setzen Sie auf Qualität statt Quantität. Zahlen Sie für ein Produkt nicht weniger als den Preis, den es verdient. Das hilft dem Klima, spart Müll, Energie und Rohstoff. Außerdem kann es bewirken, dass Arbeiterinnen und Arbeiter in den Produktionsländern fair entlohnt werden.

Tipp

Nicht jedem Trend hinterher zu rennen, wirkt entspannend. Sie leben gelassener und können sich auf das konzentrieren, was Sinn macht im Leben: Freunde, Gesundheit, Familie, Glück.

Unser Klimaschutz-Index	1	2	3	4	5
Aufwand		x			
Ergebnis				x	
INDEX 4					

Pluspunkt für den Klimaschutz

Ein T-Shirt legt 18.000 Kilometer zurück, bis es im Laden liegt. 80 Prozent des Welthandels basieren auf globalen Wertschöpfungsketten[175]. Die beschäftigen zwar 450 Millionen Menschen. Auf deren Ausbeutung aber basiert auch unsere Geiz-ist Geil-Mentalität. Diese abzustellen, heißt gerechte Preise für Waren zu akzeptieren. Zudem dient es dem Klimaschutz, dass auf diese Weise weniger Material um den Globus verschifft wird.

Ihr Erfolg

Derzeit verursacht die Textilindustrie jährlich 1,2 Billionen Tonnen CO_2 – mehr als Flüge und Kreuzfahrten zusammen. Über 5 Milliarden Kleidungsstücke hängen in deutschen Schränken. Pro Kopf macht das 95 Kleidungsstücke. Jedes fünfte davon tragen wir so gut wie nie[176]. Das können Sie ändern!

Darum geht es

Jeder Mensch kann sich jederzeit über den eigenen CO_2-Fußabdruck informieren, den er hinterlässt. Nutzen Sie diese Möglichkeit. Sie hilft, unser Verhalten besser kennenzulernen, um künftig das Klima besser schützen.

So geht es

CO_2-Rechner und -Tabellen gibt es inzwischen viele. Im Netz[177] oder in Büchern, bei Umweltverbänden, Klimaschutz-Initiativen oder beim *UBA*[178]. Ob für die Aktivität zu Hause, in der Freizeit, im Urlaub oder auf Reisen: Die genannten Organisationen bieten Möglichkeiten, das jeweils individuelle Verhalten auszuwerten, und geben Hinweise, wie wir es umstellen können.

Tipp

Versuchen Sie klein anzufangen: Lassen Sie das Auto stehen und nutzen Sie zum Einkaufen das Rad. Drosseln Sie zuhause ihre Stromfresser und kochen Sie öfter Biokost. Das sorgt für rasche Erfolgserlebnisse und spornt an, das Klimaschutz-Engagement auszuweiten.

Unser Klimaschutz-Index	1	2	3	4	5
Aufwand		x			
Ergebnis				x	
INDEX 4					

Pluspunkt für den Klimaschutz

Weil 72 Prozent der Treibhausgase mit unserem alltäglichen Verhalten zuhause zusammenhängen, unternahm die Britin Rosalind Readhead 2019 in ihrem Projekt *One Tonne of Carbon per Year*[179] ein Jahr lang den Versuch, insgesamt nicht mehr als eine Tonne CO_2 zu erzeugen – und hat dies in ihrem Netztagebuch dokumentiert. Kein einfaches Unterfangen, aber es hat vielen anderen Mut gemacht, Ähnliches zu versuchen.

Ihr Erfolg

Den Zielwert für unseren CO_2-Fußabdruck formuliert das *UBA* deutlich: „Von über 11 Tonnen CO_2 auf unter 1 Tonne CO_2 pro Person und Jahr" müsse sich unser Ausstoß verringern. Die erwähnten Rechner können bei der Kontrolle helfen.

28 Wenn nichts mehr geht

Darum geht es

All unser Handeln verursacht Treibhausgase und trägt zum Klimawandel bei. Wer zusätzlich zum Kauf und Gebrauch von Produkten, die dem Klima wenig(er) schaden, aktiv sein will, kann den eigenen Klima-Fußabdruck schmälern, indem er oder sie das entstandene CO_2 kompensiert – sprich: Geld bezahlt, mit dem an anderer Stelle auf der Erde Treibhausgase gespart und so die Atmosphäre entlastet wird[180].

So geht es

Kompensations- oder Ausgleichsfinanzierungen unterstützen Projekte, die – meist in südlichen Ländern – zum Beispiel Aufforstungen initiieren. Die so entstandenen Wälder binden CO_2. Sie entlasten also die Klimabilanz des Planeten. Eine andere Variante: Das Geld finanziert technische Anlagen, die zur Treibhausgas-Minderung beitragen, oder Technologien, um den Energie- oder Rohstoffeinsatz effizienter zu machen. Oder es fließt in Naturschutzprojekte, die ebenfalls unter dem Strich den Klimawandel abzumildern helfen.

Tipp

Achtung: Manche Projekte, die mit dem Etikett „Klimaschutz" werben, sind bloßes Greenwashing. Daher ist es wichtig, sich immer gut zu informieren. Ein Blick in die Nachhaltigkeitsberichte der Unternehmen hilft, schwarze Schafe und Trittbrettfahrer zu entlarven[181].

Unser Klimaschutz-Index	1	2	3	4	5
Aufwand	x				
Ergebnis			x		
INDEX 3					

Die *Gold-Standard-Foundation*[182] beurteilt Kompensationsprojekte und zeichnet gute mit ihrem Label aus. *Finanztest* hat 2018 mehrere Kompensationsanbieter untersucht: Von „sechs bekamen drei gute Noten: Atmosfair, Klima-Kollekte und Primaklima[183].

Pluspunkt für den Klimaschutz

Beim Treibhausgas gilt stets die Regel: Vermeiden – Reduzieren – Kompensieren[184]. Wichtig dabei: Die Priorität in dieser Reihenfolge liegt auf dem ersten Begriff und nimmt dann stetig ab. Wer sich daran hält, hilft das Klima zu schützen.

Ihr Erfolg

Kompensationszahlungen sind ein einfacher und unkomplizierter Weg, den Klima-Fußabdruck zu schmälern. Allerdings darf er nicht davon ablenken, sich aktiv um die Vermeidung von Treibhausgasen zu bemühen.

Klimaschutz fürs Portemonnaie

Energie sparen heißt, das Klima zu entlasten – und ebenso ihren Geldbeutel. Wasser sparen bedeutet ebenfalls, das Klima zu schonen, denn die Aufbereitung des Trink- und die Reinigung des Abwassers verschlingen Energie und belasten damit die Atmosphäre. Zudem spart der geringere Verbrauch wiederum Geld. Und: Auch weniger zu kaufen, kann die Finanzen schonen – und den Klima-Fußabdruck verkleinern, da weniger Waren auch weniger Energie- und Ressourcenverbrauch bedeuten.

43 Prozent: So groß ist der Unterschied zwischen dem günstigsten und dem teuersten Stromtarif zum Jahreswechsel 2020/2021 in Deutschland[185]. Da lohnt es sich also, sich umzuschauen, ob sich ein günstigerer Anbieter findet. Wer das verbindet mit dem Umstieg auf Ökostrom, tut sich selbst und dem Klima Gutes.

Über 80 Prozent: So viel Energie wenden wir in Deutschland für die warme Stube und Warmwasser auf. Weil dieser Batzen so groß ist, lohnt es sich, auf die Funktionstüchtigkeit der Heizung zu achten und kleine Reparaturen frühzeitig ausführen zu lassen. Das mindert Folgeschäden und verhindert, dass wir zu viel Energie aufwenden. Für solche Sanierungen schießt die Staatskasse sogar Geld zu: bis zu 50 Prozent können (Stand: Sommer 2021) gefördert werden[186].

Der ,Energie-Atlas' der Bayerischen Staatsregierung[187] zeigt im Netz viele Möglichkeiten, wie sich im Haushalt, bei der Mobilität und bei der Arbeit am Computer Energie und Geld sparen lassen. Und die

Wissenschaftler des Freiburger Ökoinstituts haben berechnet, wie sich die längere Nutzung von Geräten im Haushalt nicht nur positiv auf deren Umwelt- und Klima-Bilanz auswirkt. Würden Waschmaschinen, Fernseher, Notebooks oder Smartphones in den Haushalten der Republik länger genutzt als heute üblich, könnten die Verbraucherinnen und Verbraucher damit „bis zu 3,7 Milliarden Euro pro Jahr und fast vier Millionen Tonnen klimaschädliche Treibhausgase einsparen", schreiben die Öko-Experten in ihrer Studie[188].

ERNÄHRUNG UND LAND- WIRTSCHAFT

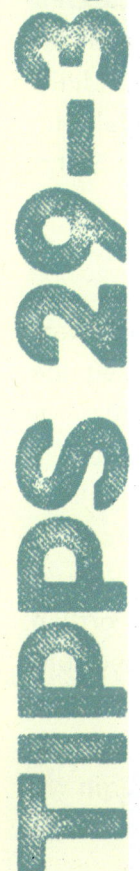

Diese Möglichkeit, aktiv das Klima zu schützen, übersehen viele Menschen – leider. Der Einfluss auf das Klima jedoch, den die Art und Weise hat, wie wir Lebensmittel erzeugen, verarbeiten, kochen und essen, ist durchaus erschütternd: „Der Agrar- und Nahrungsmittelsektor verbraucht ungefähr 70 Prozent des Wassers und ist für etwa ein Viertel aller Treibhausgasemissionen verantwortlich", schreibt dazu der *WWF*[189].

Das dürfte sich, wenn wir nichts daran ändern, sogar noch verschlimmern. Allein schon, weil vermutlich bis zum Jahr 2050 etwa 9,7 Milliarden Menschen auf dem Globus leben. Die Vereinten Nationen erwarten für das Jahr 2100 gar 10,9 Milliarden Menschen[190]. Sie alle haben Hunger und wollen essen. Die Produktion all der dafür nötigen Lebensmittel erfordert Flächen und verschlingt Wasser und Energie. Das führt zur Verschärfung des Klimawandels – zumal die Weltgemeinschaft sich im 2. Ziel ihrer UN-Entwicklungsagenda zum Kampf gegen den Hunger verpflichtet[191].

Die dafür benötigte Ackerfläche schätzen Agrarexperten heute auf rund 1,8 Millionen Hektar. Zum Vergleich: Auf der Erde gibt es heute 1,4 Milliarden Hektar Ackerland – pro Kopf aller Menschen gut 2.000 Quadratmeter. Dabei gehen weltweit und jedes Jahr wegen der – auch durch den Klimawandel beförderten – Erosion 24 Milliarden Tonnen fruchtbarer Boden verloren. Wind und Wasser wehen bzw. schwemmen die Ackerkrume weg. Etwa 30 Prozent aller Äcker auf dem Globus sind zudem für Tierfutter-Anbauflächen reserviert. Und unsere Art, Landwirtschaft zu betreiben, steht inzwischen für „etwa 70 Prozent der Verluste an biologischer Vielfalt und 80 Prozent der Entwaldung". Wir Menschen traktieren die Basis für unser Überleben mit Kunstdünger und Ackergiften und vernichten so die lebendige Grundlage unserer Nahrung.

Landwirtinnen und Landwirte, die Produzenten unserer Lebensmittel, sind also zugleich Vernichter unserer Lebensgrundlagen. Klingt paradox, gilt aber auch für den Klimaschutz: Obwohl Bäuerinnen und Bauern seit Menschengedenken mit Wetter und Klima kalkulieren, um die Ernährung ihrer Mitmenschen abzusichern, sorgen sie heute vielfach für das Gegenteil dessen, was sie eigentlich gerne möchten. Denn auch in ihrem Berufsstand hat sich die moderne Denkart durchgesetzt, mit schlimmen Konsequenzen: Es dominiert das Streben nach Wachstum und nach Profit über das Wirtschaften im Einklang mit der Natur.

„Rund 11 Prozent der Treibhausgase kommen aus der Landwirtschaft", schreibt die zuständige Bundesministerin auf der Webseite des Landwirtschaftsressorts[192]: „Die Landwirtschaft und die landwirtschaftliche Landnutzung verursachen jährlich etwa 100 Millionen Tonnen CO_2-Äquivalente" – ohne dass zurzeit eine Besserung absehbar wäre. Die Agrarreform der EU hat dies nicht wirklich geändert. Noch immer verdient als Bauer am besten, wer große Flächen bewirtschaftet. So konterkariert ein Berufsstand sich selbst.

Die Landwirtschaft muss die Folgen des Klimawandels verkraften. Das ist die Kehrseite dieser Medaille. Ihr drohen durch Wetterextreme – Dürren genauso wie Überschwemmungen – immer häufiger hohe Ernte-Einbußen. Das ist schlimm für die Bauernhöfe und für uns als deren Kunden. Zugleich aber sind überhöhte Viehbestände oder riesige Gülle-Mengen auf den Feldern für (zu) viel Methan in der Atmosphäre verantwortlich. Der Transport landwirtschaftlicher Erzeugnisse rund um den Globus vergrößert die Negativbilanz ebenso weiter wie die Abholzung etwa von Regenwäldern für noch mehr Viehweiden oder große Monokulturen wie Soja- oder Palmöl-Plantagen.

Hier sind wir (auch) als Konsumentinnen und Konsumenten gefragt. Hier können wir mitsteuern: Indem wir nach jenen Produkten fragen, die dieser Entwicklung entgegenwirken – dank Herstellern, die auf Regionalität, Bio- oder Saison-Anbau setzen. Diese unsere Nachfrage wirkt steuernd auf die Produktion ein. So können wir – zumindest auf längere Sicht – die Korrektur der Lebensmittelproduktion erzwingen: zum Wohle des Klimas.

Vielleicht hat aber auch die 2020 gestartete Initiative für ein CO_2-Label auf Lebensmitteln[193] Erfolg: Dann könnten Verbraucherinnen und Verbraucher künftig bereits am Regal sehen, wie viel Treibhausgas bei der Erzeugung der Waren entstanden ist – und gezielt zugreifen. Noch ist dies freilich Zukunftsmusik.

Spinat statt Steak

Darum geht es

Nach der Energie- und Verkehrswende braucht der Klimaschutz eine Fleischwende. Vor allem Jüngere essen laut Fleischatlas[194] vermehrt vegetarisch. „Gut so!", loben Klimaschützer. Immerhin beträgt der Anteil der Lebensmittelproduktion am Gesamtausstoß von Treibhausgasen in der EU etwa ein Viertel. Veganerinnen und Veganern gilt ihre Art, sich ohne Fleisch, Milch oder Eier zu ernähren, nicht nur als gesünder. Ihr Speisezettel scheint der perfekte Fahrplan für konsequenten Klimaschutz zu sein: Mit einem völligen Fleischverzicht ließe sich die benötigte Landwirtschaftsfläche für Weiden oder den Futtermittelanbau für die weltweit knapp 1 Milliarde Rinder[195] um bis zu 75 Prozent einschränken[196]. Zugleich heißt das, dass dafür weniger Wald Äxten oder Sägen zum Opfer fällt und als Kohlenstoffspeicher erhalten bleibt. Weniger Rinder heißt zudem: Weniger Methan aus Kuhmägen. „Die Produktion von einem Kilo Rindfleisch verursacht zwischen 7 und 28 Kilo Treibhausgasemissionen – bei Obst oder Gemüse liegt der Wert unter einem Kilo"[197].

So geht es

Jedes Kilogramm Rindfleisch belastet die Klimabilanz laut *ifeu*-Klimarechner mit zwölf Kilogramm CO_2[198]. Jeder Mensch in Deutschland isst fast 60 Kilogramm Fleisch pro Jahr. Reduzieren wir den Konsum um ungefähr ein Viertel, spart das 0,1 Tonne CO_2 pro Jahr und Kopf[199].

Unser Klimaschutz-Index	1	2	3	4	5
Aufwand				x	
Ergebnis				x	
INDEX 1					

Tipp

Wenn Sie ab und an auf ein Steak oder einen Braten nicht verzichten wollen, suchen Sie für den Einkauf einen Metzger oder Bauern, der die Tiere auf einer Weide aufzieht und sie nicht im Stall mit Kraftfutter ernährt. Es lohnt, wenn sie auch ihre Milch dort holen. Agrarwissenschaftler der Kieler Christian-Albrechts-Universität[200] erforschten, dass Kühe auf der Weide weniger Methan pro Liter Milch ausrülpsen als mit Kraftfutter versorgtes Stall-Vieh.

Pluspunkt für den Klimaschutz

Jeder Mensch in Deutschland verbraucht laut *UBA*[201] durch seine Ernährung einen Anteil von 1,74 Tonnen an der Gesamtlast von 11,61 Tonnen CO_2 im Jahr. Der völlige Verzicht auf tierische Speisen spart pro Person und Jahr etwa das 0,45 Tonnen CO_2 ein. Das mag wenig erscheinen. Es entspricht aber immerhin etwa einer Flugreise von München nach Hamburg.

Ihr Erfolg

Fleischverzicht kann auch Ihr Budget entlasten. Okay, das erfordert ein wenig Planung. Denn nicht jedes Gemüse wächst ganzjährig im Garten zur Erntereife. Wer darin geübt ist, kann seinen Speiseplan jedoch grundsätzlich auch ohne Fleisch schmackhaft gestalten – und sogar günstiger einkaufen.

137

Darum geht es

In Österreich begrüßen Jungbauern und Jungbäuerinnen die Initiative ihrer Landwirtschaftsministerin: Sie setzen auf Regionalität. Ihr Argument: Diese schützt (auch) das Klima. Regionalität liegt im Trend, auch in Deutschland. Dort vertritt der *Bundesverband der Regionalbewegung e.v.* Fleischer, Bäcker, Gastwirte und Landwirte, die handwerklich im regionalen Wirtschaftskreislauf arbeiten[202]. Wer vor Ort einkauft oder Dienstleistungen bucht, spart Wege (und Energie), stärkt regionale Wertschöpfung und Strukturen.

So geht es

„Wer saisonale Lebensmittel aus der Region kauft, bekommt nicht nur Frische und Geschmack, sondern unterstützt die lokalen Produzenten und tut zugleich etwas für den Klima- und Umweltschutz", nennen Experten der Verbraucherzentralen[203] die Vorteile von Lebensmitteln, die „um die Ecke" zu finden sind.

Tipp

Die Region schmeckt. Regionale Spezialitäten genießen wir ganz selbstverständlich im Urlaub, schwärmen vom Wein aus der Toskana, Baguette aus Frankreich, der Salami aus Ungarn oder Tapas aus Spanien. Zuhause kaufen wir dann meist Einheitsware aus dem Supermarkt. Die Vielfalt der regional unterschiedlichen Erzeugnisse

Unser Klimaschutz-Index	1	2	3	4	5
Aufwand		x			
Ergebnis				x	
INDEX 2					

zu erhalten, ist jedoch auch hierzulande ein Gewinn. Es steigert die Lebenslust. Das gilt auch für Getränke: Sie rangieren hinter Fleisch auf Platz zwei der CO_2-Verursacher bei Lebensmitteln, weil wir sie oft über weite Strecken durchs Land oder gar die Welt transportieren[204], nur um bestimmter Marken willen.

Pluspunkt für den Klimaschutz

Fleisch aus Neuseeland, Spargel aus Mexiko, T-Shirts aus Indien ... Laut der schweizerischen *Alpeninitiative*[205] geht die OECD von einem Anstieg des vom Güterverkehr verursachten CO_2-Ausstoßes um 160 Prozent bis ins Jahr 2050 und von einer Verdreifachung des Transportvolumens aus. In Deutschland ist der Anteil des CO_2-Ausstoßes im Verkehr heute noch immer nicht geringer als 1990[206].

Ihr Erfolg

Logistiker setzen auf Giga-Lastwagen[207], Biodiesel, Elektromotoren oder die Bahn[208], um den CO_2-Abdruck der Transportbranche zu schmälern. Mit regionalem Konsum können Sie ganz direkt eingreifen, um die Treibhausgase beim Warentransport zu verringern.

Darum geht es

„Ich warne davor, das Essen zu stark zum Klimaschutz-Problemfall zu machen", sagt *UBA*-Experte Michael Bilharz[209]. Beim Essen gäbe es sowieso schon viele Negativauswüchse – von Magersucht bis Adipositas. Er favorisiert die Formel „Weniger Tier, mehr Bio". Sie ist zu ergänzen um den Hinweis, dass auch der Kalender den Speisezettel beeinflussen sollte. Erdbeeren an Weihnachten erfordern nämlich lange Transportwege. Die schaden dem Klima.

So geht es

Für unsere Omas war es selbstverständlich: Auf den Teller kam, was im Garten oder auf dem Feld wuchs. Zugegeben: Das engte den Speiseplan ein. Aber es vermied energiefressende Transporte, die zum Klimawandel führen. Dafür stärkte es die Vorfreude auf bestimmte Ernte- und Genusszeiten: Kirschen im Frühsommer, Kürbis-Suppe oder Schwammerl im Herbst. Nur was wir konservierten, gab es übers Jahr verteilt – etwa Sauerkraut oder Äpfel.

Tipp

Inzwischen ist der Klimawandel schon so weit vorangeschritten, dass sich die Vegetationszonen verschieben. Feigen oder Oliven gedeihen mittlerweile auch bei uns. Dennoch gilt weiterhin: Nicht alles reift das ganze

Unser Klimaschutz-Index	1	2	3	4	5
Aufwand		x			
Ergebnis					x
INDEX 5					

Jahr über. Auch wenn es heute üblich ist, dass Gemüse im Treibhaus oder Folientunnel sprießt: Diese Anbauart braucht mehr Energie. Sich zu gedulden, hilft also, das Klima zu schützen.

Pluspunkt für den Klimaschutz

Eine Studie des *Ifeu-Instituts* kommt zu dem Schluss: „Möglichst regionale und saisonale Produkte einkaufen"[210]. Zumal der Kauf regionaler Produkte auch den Erhalt der heimischen Kulturlandschaft fördert.

Ihr Erfolg

Wer sich geduldet, bis landwirtschaftliche Produkte vor der Haustür reif für die Ernte und den Verzehr sind, freut sich auf den Zeitpunkt, an dem sie dann (endlich wieder) auf den Teller kommen. Dann ist der Verzehr ein Erlebnis. Und aktiver Klimaschutz. Denn, um bei den Erdbeeren im Winter zu bleiben: die haben einen zehnmal höheren CO_2-Fußabdruck als regionale Erdbeeren[211].

Darum geht es

Die Landwirtschaft verantwortet in Deutschland ein Zehntel des CO_2-Ausstoßes[212]. Dabei könnte sie überschüssiges Treibhausgas speichern: im Boden. Das Prinzip: Wachsen Pflanzen, speichern sie CO_2 aus der Atmosphäre. Sterben Pflanzen ab, werden Wurzeln oder Blätter auf dem Feld von Regenwürmern, Pilzen oder Bakterien zersetzt. Ein Teil des Kohlenstoffs wird dabei wieder frei, den anderen bindet der Humus.

So geht es

Wer einen Garten hat, kann den Boden verbessern, indem sie oder er aus Küchenabfällen und organischen Resten in der Kompostmiete Humus erzeugt. Wer Bioprodukte kauft, fördert Ökolandwirtschaft, die mit ihrer Wirtschaftsweise – ohne Kunstdünger oder Pestizide – den Boden gesund erhält.

Tipp

In einer Handvoll gesunder Erde leben mehr als 7 Milliarden Bodenorganismen[213]. Einen einzigen Zentimeter Humus aufzubauen, dauert aber in Deutschland bis zu 300 Jahre, anderswo noch viel länger. Daher ist es wichtig, Boden zu bewahren – nicht nur, weil er das Klima schützt. Er speichert ganz konkret auch Wasser und ernährt Pflanzen.

Unser Klimaschutz-Index	1	2	3	4	5
Aufwand		x			
Ergebnis				x	
INDEX 2					

Pluspunkt für den Klimaschutz

Global speichern Böden laut *Thünen-Institut* rund viermal so viel Kohlenstoff wie die oberirdische Vegetation und mehr als doppelt so viel wie die Atmosphäre. Humus besteht nämlich zu 60 Prozent aus Kohlenstoff[214]. Schon 0,1 Prozent Humus pro Hektar entspreche, sagt der Deutsche Bauernverband (DBV), „etwa einer Bindung von drei bis sechs Tonnen CO_2 je Hektar[215].

Ihr Erfolg

Laut UN sind im zurückliegenden Vierteljahrhundert fast 25 Prozent der Böden weltweit degradiert[216]. Wer also dafür sorgt, dass die Humusschicht wieder wächst, schützt das Klima und erhöht die Ernährungssicherheit.

Darum geht es

Für manche Bauern ist es die Lösung: Wenn sie ihre Produkte direkt ab Hof an Kunden abgeben, sparen sie die Margen, die sonst der Zwischenhandel kassiert. Das lohnt sich für die Kundschaft – und für das Klima, denn dadurch fallen energieaufwendige Transportwege weg.

So geht es

Wo immer dies möglich ist, lohnt der Einkauf direkt beim Erzeuger. Das bietet auch die Chance, sich vor Ort über die Produktionsmethode zu informieren, zu sehen, wie die Tiere im Stall leben, welches Futter sie fressen oder wieviel Chemie der Bauer beim Anbau verwendet.

Tipp

Wer sich für die Fahrt zum Direktvermarkter mit Freunden zusammenschließt, hilft zusätzlich Transportenergie zu verringern. Dabei aufs Auto zu verzichten, ist natürlich die beste Lösung. Aber Achtung: Verbraucherschützer warnen, dass der Begriff „Region" nicht geschützt[217] sei. Daher gilt: Erst genau informieren, dann zugreifen.

Unser Klimaschutz-Index	1	2	3	4	5
Aufwand			x		
Ergebnis				x	
INDEX 1,3					

Pluspunkt für den Klimaschutz

Wer seine Produkte auch gleich bei einem Biobauern kauft, erhöht den Klimaschutzeffekt. „Im Vergleich zur konventionellen Landwirtschaft verbrauchen Biobauern bei der Produktion nur ein Drittel an fossiler Energie, da sie auf chemisch-synthetische Dünger und Pflanzenschutzmittel verzichten", zitiert *Capital* Verbraucher-Experten[218].

Ihr Erfolg

Wer gleich beim Erzeuger kauft, bekommt in der Regel erntefrische Ware, die zudem noch günstiger ist, weil sie den Zwischenhandel ausschaltet.

34 Alles Mist?

Darum geht es

Seit wir Landwirtschaft im Industriemaßstab betreiben, häufen sich die Probleme: Zuviel Vieh erzeugt zu viel Methan. Wir pflastern die Landschaft mit Monokulturen zu (die oft nur mit erheblichem Chemikalieneinsatz zu beackern sind, deren fossile Rohstoffe den Klimawandel befeuern), wir verschleudern Fördermilliarden, die schädliche Strukturen zementieren – und vergessen den Klimaschutz.

So geht es

Die Landwirtschaft hat zwei Standbeine: Nahrung erzeugen und Natur erhalten. Das geht am besten, wenn sie in überschaubaren Größen produziert. Dann entsteht auf dem Hof kein Überschuss an Gülle oder Mist, der Gewässer eutrophiert. Dann belasten keine Pestizide die Ernten und kein Kunstdünger Äcker und Weiden. Am besten setzen dies Biobäuerinnen und Biobauern um. Das bestätigt eine Studie (für Aldi) in Österreich[219]. Die darin erfassten Bioprodukte weisen von der Produktion bis zum Handel bis zu 35 Prozent weniger CO_2-Belastung auf.

Tipp

Biolandbau ist nicht nur klimafreundlicher. Die naturschonenden Arbeitsweisen schützen zudem die Artenvielfalt und gesunde Böden[220]. So sorgen Biobauern auch für die Zukunft aller Menschen vor.

Unser Klimaschutz-Index	1	2	3	4	5
Aufwand			x		
Ergebnis				x﹐	
INDEX 1,3					

Pluspunkt für den Klimaschutz

Wer naturverträgliche Landwirtschaft unterstützt, fördert den Artenschutz und damit indirekt auch den Klimaschutz.

Ihr Erfolg

Der Einkauf auf dem Biohof garantiert Lebensmittel im Kochtopf und auf dem Teller, die ohne gesundheitsbeeinträchtigende Pestizide und Agrodünger produziert sind. Das ist auf jeden Fall ein Vorzug für die Gesundheit.

Darum geht es

Schrebergärten verbinden seit 100 Jahren Betätigung im Freien mit gesunder Ernährung. Auch heute suchen Menschen Wege, gesunde Nahrungsmittel zu erzeugen, zu verarbeiten und zu essen. Aus Solidarität mit Landwirtinnen und Landwirten hat sich eine Gemeinschaftsform der Landwirtschaft mit Win-Win-Garantie entwickelt – die „Solidarische Landwirtschaft": Dabei beteiligen sich die Abnehmer am Risiko der Bäuerinnen und Bauern. Das erleichtert den Produzenten die Arbeit. Die Abnehmer erhalten als Lohn gesunde Lebensmittel – angebaut auch unter klimaschützenden Bedingungen.

So geht es

Gärtnern Sie doch selbst. Wer kein Land hat, kann sich vielerorts ein paar Quadratmeter mieten. Oder: Sie gärtnern gemeinsam mit Gleichgesinnten. Dritte Möglichkeit: Sie beteiligen sich im Rahmen der Solidarischen Landwirtschaft an einem Biohof. Das hilft den Landwirten und garantiert Ihnen ganzjährig frisches Gemüse oder Obst.

Tipp

Kindern macht Gärtnern Spaß. Außerdem lernen sie etwas über Natur und über Lebensmittel. Das kann auch ihre Ernährungsweise positiv beeinflussen.

Unser Klimaschutz-Index	1	2	3	4	5
Aufwand			x		
Ergebnis			x		
INDEX 1					

Pluspunkt für den Klimaschutz

Jede Unterstützung für Biobauern ist positiv. Denn deren Arbeit fördert unmittelbar ein klimaschonendes Verhalten und hilft gesunden und CO_2-bindenden Boden zu bewahren.

Ihr Erfolg

Frische Lebensmittel schmecken nicht nur besser als viele im Supermarkt erhältliche, bereits verarbeitete Waren. Sie enthalten zumeist auch noch mehr gesunde Inhaltsstoffe.

Darum geht es

Natürlich verlocken Convenience-Produkte: Sie sind rasch zubereitet. Sie erfordern wenig Zeit und Überlegung. Nur bleibt meist danach auch Verpackungsmüll liegen. Der Energieeinsatz zur Erzeugung und Entsorgung von Fertigprodukten ist immens. Besser ist es, selbst zu kochen. Das schont das Klima.

So geht es

80 bis 90 Prozent aller Lebensmittel gelangen in einer vorbereiteten Form zum Verbraucher, weiß das *Bundeszentrum für Ernährung*[221].

Tipp

Der Einheitsbrei vieler Fertigprodukte lässt unsere Geschmackssinne veröden. Produktqualität erfährt am Gaumen nur, wer selbst frische Produkte zubereitet und diese auch individuell verfeinert. Probieren Sie es aus. Guten Appetit.

Unser Klimaschutz-Index	1	2	3	4	5
Aufwand		x			
Ergebnis				x	
INDEX 2					

Pluspunkt für den Klimaschutz

Ob im Glas, in der Dose oder aus der Kühltruhe: Fertig-produkte gibt es in vielfältiger Weise – und die Ver-packungsart hat kaum Einfluss auf die CO_2-Bilanz, er-gab eine Studie[222] am *Öko-Institut*.

Ihr Erfolg

45 Prozent der CO_2-Belastung unserer Nahrung ent-steht bei deren Erzeugung. 55 Prozent aber dadurch, dass wir im Auto zum Einkaufen fahren[223]. Das können wir auf jeden Fall ändern.

Darum geht es

‚Foodwaste', also Lebensmittelverschwendung, ist in mehrfacher Hinsicht ein Frevel. Sie missachtet die Arbeit der Bauern, ist ein Affront gegen die 690 Millionen Menschen, die auf der Erde heute hungern, und die 2 Milliarden, die an Mangelernährung leiden[224]. Sie verschleudert die dafür aufgewandten Energie und Rohstoffe.

So geht es

Wer achtsam mit Lebensmitteln umgeht, kocht nur, was er oder sie auch verzehren kann. Bleiben dennoch Reste, können diese später aufgewärmt oder zu neuen Speisen verarbeitet werden. Bleibt dann noch immer Essen übrig, gibt es inzwischen auch Möglichkeiten, es anderen Menschen zu spenden. So entstehen in vielen Städten inzwischen regelrechte Tauschbörsen[225], bei denen Menschen gemeinsam kochen und das Essen neu erleben.

Tipp

Laut Bundeslandwirtschaftsministerium werfen Haushalte in Deutschland vor allem Obst und Gemüse in den Müll (34 Prozent), gefolgt von Backwaren (14 Prozent)[226]. Wenn Sie das ändern, helfen Sie nicht nur dem Klima, sondern sparen auch Geld.

Unser Klimaschutz-Index	1	2	3	4	5
Aufwand		x			
Ergebnis					x
INDEX 2,5					

Pluspunkt für den Klimaschutz

Jedes produzierte Kilogramm Lebensmittel erzeugt laut *Europäischer Kommission* 4,5 Kilogramm CO_2[227]: Mit diesem durchaus großen Hebel kann jede und jeder im eigenen Umfeld viel für den Klimaschutz bewirken.

Ihr Erfolg

Im Schnitt wirft jeder Bundesbürger pro Jahr rund 80 Kilogramm Lebensmittel weg[228]. Wer das ändert, spart viel Geld und hilft Lebensmittel im Wert von rund 230 Euro weiterzuverwenden.

Darum geht es

Was in der Küche als Lebensmittelrest übrigbleibt, ist kein Müll. Daraus lässt sich in der Kompost-Kiste wertvoller Humus erzeugen. Der verbessert den Boden im Garten und macht ihn fruchtbarer. Außerdem speichert Humus CO_2 und dämpft damit den weiteren Anstieg der Temperaturen.

So geht es

Gemüsereste, Obstschalen, Kaffeesatz: Das lieben Bakterien und andere Bodenorganismen, sie haben unseren Abfall zum Fressen gern. Wer keine Möglichkeit hat, im eigenen Garten Humus verrotten zu lassen, sollte die Bioabfall-Sammlung der Kommune nutzen. So kommt der Rohstoff in die Kompostieranlage und wird später als wertvolle Pflanzennahrung auf Grünflächen verstreut oder an Bauern abgegeben.

Tipp

Kompost kann Torf im Garten ersetzen. Das schützt wiederum die Moore, die zum Torfstechen trockengelegt werden. Und Moore sind wichtige CO_2-Senker, auch ihr Erhalt schützt also das Klima[229].

Unser Klimaschutz-Index	1	2	3	4	5
Aufwand		x			
Ergebnis					x
INDEX 2,5					

Pluspunkt für den Klimaschutz

Aus einer Tonne Bioabfall entstehen 350 bis 450 Kilogramm Kompost. Der Umwelt erspart die biologische Abfallbehandlung zum Beispiel allein in einem Bundesland wie Baden-Württemberg 70.000 Tonnen CO_2 im Jahr[230].

Ihr Erfolg

Ein Komposthaufen hilft nicht nur, den Garten zu düngen. Er lockt häufig nützliche Insekten, Säugetiere und Vögel an, die dann zum Beispiel Schädlinge fressen[231].

Reizwort für Fleischzähne

Nicht nur die Grünen haben ihre Erfahrung mit dem ‚Veggie Day' sammeln müssen. 2013 propagierten sie im Bundestagswahlkampf einen Gemüsetag. Einmal pro Woche sollte Fleischverzicht auf dem Teller einen Ausweg aus der sich abzeichnenden Klimakrise weisen. Die Quittung der Wähler lautete: kein Interesse. Was nach Ansicht vieler Klimaexperten mindestens schade, wahrscheinlich sogar falsch war. Denn der Verzicht auf Fleisch in unserem Speiseplan kann tatsächlich das Klima schützen. Den Beweis dafür lieferte der Ökologe Joseph Poore von der britischen Universität Oxford. Er berechnete den CO_2-Fußabdruck eines deutschen Veganers. Ergebnis: Wer vegan lebt, reduziert seine Klima-Bilanz – laut *Spiegel* – um zwei Tonnen CO_2 jährlich[232].

Früher war ein solcher Speisezettel sogar völlig üblich. Noch vor ein, zwei Generationen freute man sich über den „Sonntagsbraten"[233] als besonderen Leckerbissen. Der britische Wissenschaftler Mark Sutton von der *UN Economic Commission for Europe* schlug in einem Report für die Vereinten Nationen vor, möglichst nur noch halb so viel Fleisch, Milchprodukte oder Eier zu verspeisen wie derzeit üblich. Seine Diät nennt er ‚Demitarian'[234].

Solche Formen der Askese weisen die allermeisten Menschen aber (noch immer) von sich. Für sie ist Fleisch ein Zeichen des Wohlstands und Symbol des leiblichen Wohlbefindens. „Wer eine kontroverse Diskussion anzetteln möchte, sollte unbedingt das Thema vegetarische Ernährung ansprechen"[235], kritisiert daher auch das Veganer-Portal *veggpool.de*.

Ein institutionalisierter fleischloser Tag täusche die Überwindung des Klimawandels nur vor und lege den Verbraucherinnen und Verbrauchern eine falsche Sicherheit nahe, in der sie sich wiegen könnten. Sie beruhigten ihr Gewissen – und änderten sonst nichts an ihrem klimaschädlichen Verhalten.

Ganz so nutzlos allerdings ist der Veggie Day wohl doch nicht. Er kann immerhin zu einem anderen Speiseplan motivieren. Und er kann dem Klimaschutz helfen. Das zumindest sagen diese Zahlen: „Man könnte dadurch offenbar bis zu 3,5 Millionen Tonnen CO_2 pro Jahr sparen, was etwa der Fahrleistung von 1,5 Millionen Pkws entsprechen würde. 5 Prozent der Ackerfläche in Deutschland könnte dadurch eingespart werden und etwa 687.000 Tonnen Fleisch pro Jahr.[236]"

ARBEIT
UND
FREIZEIT

Der Lockdown während der Corona-Pandemie hat allen gezeigt, wie unsere Arbeitswelt und der Klimawandel zusammenhängen. Kaum standen Maschinen und Motoren still, erholte sich die Luft von ihrer Verschmutzung. Anderseits sind die niedrigeren Werte mit sinkenden Infektionszahlen und den Lockerungen auch gleich wieder angestiegen. Wir nutzen die wieder gewonnene Freiheit zu vermehrten Ausflügen. Und die Wirtschaft tat alles, um Versäumtes wieder aufzuholen.

Die Pandemie und ihre wirtschaftlichen Folgen belegen damit überdeutlich den Zusammenhang menschlicher Tätigkeit mit dem Wandel des Weltklimas. Auch der letzte Skeptiker kann ihn nun nicht mehr leugnen.

Als Folge der Pandemie bestimmten Homeoffice, geschlossene Läden und Restaurants und Reiseverbote unser Leben. Sie haben den weltweiten CO_2-Ausstoß deutlich gedrosselt – „um 17 Prozent gegenüber dem üblichen Tageswert von rund 100 Millionen Tonnen", schrieb im Frühjahr 2020 *Die Zeit*. In Deutschland sanken die Treibhausgase gar um 26 Prozent [237]. An der *University of East Anglia* werteten Wissenschaftler dafür Zahlen über den Energieverbrauch aus 69 Ländern, 50 US-Staaten und 30 chinesischen Provinzen aus, die laut der Wochenzeitung für 97 Prozent aller CO_2-Emissionen auf der Erde verantwortlich sind.

Wohl daher forderten erste Wissenschaftler im Frühjahr 2021, künftig alle zwei Jahre einen Lockdown auszurufen. So wollen sie die in Paris verabredeten Klimaziele doch noch erreichen [238]. In Anbetracht der ökonomischen Konsequenzen dürfte dieser Vorschlag ohne nennenswerte Resonanz bleiben.

Aber es gibt durchaus Schlussfolgerungen, die wir alle ziehen können und sollten, um das Klima zu schützen – siehe die Tipps 39 bis 45.

Darum geht es

In Bonn nahmen Wissenschaftler im Jahr 2020 den CO_2-Ausstoß von Berufspendlern unter ihre Lupe. Das Ergebnis: Jeder produziert auf seinem Weg zur Arbeit pro Jahr und Kopf rund 0,58 Tonnen Treibhausgas. Das sind zusammen 7 Prozent des Gesamtausstoßes an CO_2 in Deutschland[239]. Während des Corona-Lockdowns haben wir jedoch gelernt, dass es anders gehen kann: Mit Arbeiten im Homeoffice, was zugleich auch der Familie zugutekommen kann.

So geht es

Das Arbeiten von Zuhause war – erzwungenermaßen – vorübergehend von den Arbeitgebern akzeptiert. Nach den Lockdowns jedoch kämpfen Gewerkschaften wieder auf eher verlorenem Posten, wenn sie diese Form des Arbeitens als Grundrecht verankern wollen. Schon wegen des Wegfalls der Pendelei wäre Homeoffice ein Segen für das Klima.

Tipp

Zuhause zu arbeiten, heißt auch, mehr Zeit für die Familie zu haben: Denn immerhin sind an jedem konventionellen Werktag mehr als ein Fünftel aller Arbeitnehmerinnen und Arbeitnehmer fast eine Stunde lang unterwegs[240].

Unser Klimaschutz-Index	1	2	3	4	5
Aufwand			x		
Ergebnis				x	

INDEX 1,33

Pluspunkt für den Klimaschutz

68 Prozent der Pendler in Deutschland fahren im eigenen Auto[241]. Fast 17 Kilometer pendeln sie dabei täglich[242]. Laut *ADAC*[243] fährt fast die Hälfte der Berufspendler Strecken von 20 Kilometern oder mehr. Diese Belastung bleibt der Atmosphäre erspart, wenn sie zuhause arbeiten.

Ihr Erfolg

Die Vor- und Nachteile des Arbeitens von Zuhause aus bestimmten rasch die Debatten. Freie Zeitplanung, legere Kleidung, größere Kreativität als Plus – fehlende Sozialkontakte und die im Homeoffice leider oft mangelhafte, technische Ausstattung oder zu viel Ablenkung etwa durch Hausarbeiten oder Kinderbetreuung als Minus. Unbestritten positiv bleibt: Der Wegfall des Arbeitswegs spart Zeit und schont das Klima.

Geteiltes Leid

Darum geht es

Wenn jeden Tag die Nerven auf der Fahrt zur Arbeit durch Staus, viel Verkehr, Hitze im Sommer oder Schneefall im Winter strapaziert werden, sollten Sie sich eine Mitfahrmöglichkeit suchen oder selbst eine anbieten. Denn jeder auf diese Weise eingesparte Kilometer hilft. Trotzdem sitzen noch immer 90 Prozent der Fahrerinnen und Fahrer in Deutschland alleine in ihrem Auto[244] – eine Tendenz, die durch die Pandemie aus Angst vor einer Ansteckung sogar wieder verstärkt wurde.

So geht es

Bilden Sie mit Kolleginnen und Kollegen eine Fahrgemeinschaft oder erkundigen Sie sich bei einer Mitfahrzentrale nach anderen Menschen, die auf derselben Strecke unterwegs sind. Gemeinsam unterwegs ist die Fahrt meist „vergnüglicher" – und dem Klima ist damit sicher geholfen.

Tipp

Gemeinsam zu fahren, senkt auch die Kosten für die Pendelfahrten. Ganz abgesehen davon kann die Strecke so auch unterhaltsamer verbracht werden – und Sie und Ihre Mitreisenden können sich beim Fahren abwechseln oder anderweitig unterstützen, wenn dies einmal nötig sein sollte.

Unser Klimaschutz-Index	1	2	3	4	5
Aufwand		x			
Ergebnis				x	
INDEX 2					

Pluspunkt für den Klimaschutz

„Zwei Autos mit je einer Person benötigen für die gleiche Strecke fast doppelt so viel Treibstoff wie ein Auto mit zwei Personen", beschreibt das *UBA* die Vorteile von Fahrgemeinschaften[245]. Weiter heißt es dort: „Eine Änderung des Pkw-Besetzungsgrades um 0,2 dadurch, dass ein Alleinfahrer in einen anderen Pkw zusteigt, entspräche einem Rückgang der Pkw-Verkehrsleistung von elf Prozent."

Ihr Erfolg

Fahrgemeinschaften sparen Geld, verringern Staus und schonen Umwelt und Klima.

Darum geht es

Der Branchenverband *Bitkom* ist sich sicher: „Digitale Technologien können mehr als die Hälfte dazu beitragen, dass Deutschland seine Klimaziele bis zum Jahr 2030 erfüllt."[246] Auch die jungen Klimaschutz-Aktiven setzen auf die Vernetzung ihrer Aktionen, die Klimaschutz populär machen. Aber Wissenschaftler bleiben skeptisch: Der Datenverkehr verschlang schon 2017 fast 12 Prozent des Energieverbrauchs aller deutschen Haushalte. Und in der Pandemie stieg er – durch Onlinehandel oder Homeoffice – kräftig an.

So geht es

Vor allem der Netz-Traffic für unseren Freizeitgebrauch ist am großen CO_2-Fußabdruck der Digitalisierung schuld. Laut einer Studie der Universitäten Glasgow und Oslo tragen dazu Musikstreaming, Netflix, Youtube & Co bei[247]. Klimafreundlich sind diese Dienste erst, wenn wir dafür Ökostrom zapfen.

Tipp

Streamen kostet erheblich mehr Energieaufwand als der Download von Daten. Darauf weisen Wissenschaftler der *Öko-Instituts* hin[248].

Unser Klimaschutz-Index	1	2	3	4	5
Aufwand			x		
Ergebnis				x	
INDEX 1,33					

Pluspunkt für den Klimaschutz

Experten rechnen weltweit mit einer Verdoppelung des Energieverbrauchs durch Rechenzentren bis 2030. Ein Erfolg wäre es in ihren Augen schon, wenn die dabei anfallende Wärme künftig energiesparend genutzt würde.[249] Nach Meinung vieler Experten können KI und ,Big Data' dabei helfen, Effizienzen im Energieverbrauch zu verbessern: Das Ziel ist die Verbesserung der ,Clean IT', die mit neuen Algorithmen den Energieaufwand für Rechenleistung senkt.

Ihr Erfolg

Statt Spiele nur noch digital und online zu spielen, können Sie einmal wieder an analoge Freizeitgestaltung denken. Auch die macht Spaß und schont das Klima.

42 Kleine Schritte als guter Anfang

Darum geht es

Auch Klimaschützer beginnen am besten klein: Die Leuchtmittel zuhause zu tauschen, spart unmittelbar Energie und ist sehr leicht umzusetzen. Das spornt an. An einer Demonstration für mehr Klimaschutz teilzunehmen, kann ebenfalls zu mehr Engagement motivieren. Beginnen Sie also mit jenen Aktionen, die Sie wenig Mühen kosten, die aber gleich Erfolge zeigen. Das steigert die Motivation, weitere und dann vielleicht auch schwierigere Aufgaben anzupacken.

So geht es

Im Winter einen Pullover überzuziehen, damit wir die Heizung nicht aufdrehen müssen, im Sommer die Läden zu schließen, damit wir die Klimaanlage nicht brauchen: Damit können wir beginnen. Beim Einkaufen an Klimaschutz zu denken, das Auto öfter einmal stehen zu lassen und aufs Rad umzusatteln, können die folgenden Schritte sein.

Tipp

Die regelmäßige Überprüfung der eigenen Emissionen mit Hilfe eines CO_2-Rechners kann helfen, Fortschritte auf dem persönlichen Weg zum Klimaschutz zu kontrollieren und zu dokumentieren. Suchen Sie sich doch Mitstreiter und organisieren Sie einen privaten Klimawettstreit!

Unser Klimaschutz-Index	1	2	3	4	5
Aufwand		x			
Ergebnis				x	
INDEX 2					

Pluspunkt für den Klimaschutz

Bis wir es schaffen, den persönlichen CO_2-Fußabdruck innerhalb der planetaren Grenzen zu begrenzen, wird es sicher dauern. Als Ziel aber sollten wir nie aus dem Auge verlieren: Bis 2030 peilt Deutschland die Reduzierung der Treibhausgase um mindestens 55 Prozent an.

Ihr Erfolg

Erfolg baut auf: Wer seine selbst gesteckten Klimaschutzziele erreicht, verspürt Befriedigung und geht motiviert an kommende Aufgaben – und die gibt es beim Klimaschutz ausreichend.

Umarmen Sie Bäume

Darum geht es

Politiker wissen um symbolträchtige Bilder. Wollen sie sich als Klimaschützer inszenieren, umarmen sie Bäume. Tatsächlich helfen Bäume beim Klimaschutz, indem sie CO_2 binden. Biodiversität kann helfen, uns an den Klimawandel anzupassen, seine Folgen abzumildern und Optionen für die Zukunft zu erhalten[250]. Wer also den Baum als Symbol für Natur begreift, hat die Basis des Klimaschutzes verstanden. Ihre (Arten-)Vielfalt zu bewahren, fördert klimafreundliches Verhalten.

So geht es

Natur und die Artenvielfalt schützen können wir, wenn wir Gärten und Balkone in kleine Insektenparadiese wandeln, wenn wir Lebensmittel von Biobauern kaufen oder uns gegen die Abholzung von Wäldern engagieren.

Tipp

75 Prozent der Menschen in Deutschland leben im urbanen Raum. Dort können kleine Parks, begrünte Dächer und Höfe oder Straßenränder Stress mindern und für gesunde Luft sorgen[251].

Unser Klimaschutz-Index	1	2	3	4	5
Aufwand		x			
Ergebnis			x		
INDEX 2					

Pluspunkt für den Klimaschutz

Deutschland nutzt Flächen in anderen Ländern der Welt, um die Produktion von Lebensmitteln für die Menschen, die hier leben, zu sichern. Sie wachsen außerhalb Deutschlands auf einer Fläche von rund 2,7 Millionen Hektar (fast die Fläche Belgiens). Dafür wurden Wälder gerodet und Äcker intensiv bewirtschaftet – Flächen, die stattdessen besser dem Klimaschutz (etwa als Wälder) helfen könnten.

Ihr Erfolg

Ökosysteme absorbieren derzeit ungefähr die Hälfte der vom Menschen verursachten Kohlendioxidemissionen[252]. Je mehr wir davon erhalten, desto besser gelingt der Klimaschutz.

Klimaschutz am Kaufregal

Darum geht es

Als Verbraucherinnen und Verbraucher geben wir den Takt vor. Unsere Kaufentscheidung bestimmt das Angebot mit. Wenn wir verstärkt nach klimafreundlichen Waren fragen, müssen Hersteller und Händler darauf reagieren. „Ein Einkauf macht doppelt Freude, wenn wir damit auch noch zum Klimaschutz beitragen"[253], kommentiert die Bundesregierung diesen Ansatz.

So geht es

Gar nicht so leicht: Zwar wachsen die Marktanteile nachhaltig erzeugter Produkte in Deutschland. Das heißt aber nicht, dass die Belastungen für Umwelt und Klima in gleichem Maße sinken[254]. Die Frage muss daher immer lauten: Brauchen wir all die Produkte, die wir wollen und uns wünschen? Auch ein Zuviel an guten Waren nämlich kann das Klima strapazieren. Klimafreundliches Einkaufen heißt daher zuallererst: Bewusstes Einkaufen.

Tipp

‚Blauer Engel', Bio-Label oder Fair-Trade-Siegel können beim Einkauf Orientierung geben, wenn Sie nach Waren suchen, die das Klima schützen. Weitere Orientierung bietet die Verbraucher-Datenbank *Label-Online*[255].

Unser Klimaschutz-Index	1	2	3	4	5
Aufwand	x				
Ergebnis			x		
INDEX 3					

Pluspunkt für den Klimaschutz

Derzeit hat unser Konsum etwa 28 Prozent Anteil am Treibhausgas-Ausstoß in Deutschland. Ziel muss es sein, den ökologischen Fußabdruck bis 2050 um 80 bis 95 Prozent zu schmälern[256]. Kanzlerin Angela Merkel sagte dazu im Februar 2021: „Wir können sehr, sehr gut auf 20 Prozent der Produktion verzichten, wenn wir bewusster mit den Dingen umgehen"[257].

Ihr Erfolg

Sich aus dem Hamsterrad des Konsums zu befreien, kann erlösend wirken. Sie sparen Geld, Sie sparen Zeit, und Sie unterstützen Klima, Natur und Artenvielfalt.

Darum geht es

Klimafreundlich zu leben heißt, Natur bewusst(er) zu erleben. Das hessische Bildungsportal empfiehlt dafür: Gärtnern. Das lehrt Demut und die Einsicht, „dass der Mensch die Natur nicht kóntrollieren und beherrschen kann, sondern sich als Teil der Natur ihren Regeln anpassen muss"[258] – das gilt auch für den Klimaschutz.

So geht es

Die Bionik liefert uns Beispiele, wie die Natur effizient mit Energie umgeht, Abfall meidet oder sich Änderungen anpasst. Viele dieser Beispiele haben sich Techniker und Wissenschaftler inzwischen zum Vorbild genommen. Sie bauen nach dem Prinzip der Natur Maschinen oder nutzen Vorbilder der Natur, um Folgen des Klimawandels vorzubeugen: etwa, wenn sie Fassaden begrünen, Monokulturen reduzieren oder Auen renaturieren, um Hochwasserschäden zu vermeiden[259]. Natur spüren Sie auch, wenn Sie einen Garten – oder auch den Balkon – bepflanzen. Außerdem kann der Garten auch Ziel für einen (Kurz-)Urlaub sein. Wenn dadurch ein Teil der 70 Millionen Urlaubs- sowie knapp 200 Millionen Geschäftsreisen pro Jahr in Deutschland vermieden werden[260], entlastet das das Klima erheblich.

Unser Klimaschutz-Index	1	2	3	4	5
Aufwand		x			
Ergebnis	.				x
INDEX 2					

Tipp

Auf dem Balkon und manchmal sogar selbst auf einer Fensterbank ist genug Platz, um Kräuter oder Gemüse zu ziehen. Wer zudem Kinder hat, bietet ihnen damit erste Lektionen als Einblick in das Werden und Gedeihen in der Natur – inklusive des Wirkens unseres Klimas.

Pluspunkt für den Klimaschutz

Schon ein Kilogramm im Garten oder auf dem Balkon selbst gezogenes Gemüse spart gegenüber dem Kauf im Supermarkt zwei Kilogramm Treibhausgase ein[261], zeigten Wissenschaftler der *University of California*. Wer statt Rasen Tomate oder Gurken anpflanzt, leistet daher Gutes für den Klimaschutz.

Ihr Erfolg

Lernen ist dann erfolgreich, wenn es das Verhalten ändert. Das sieht auch der aktuelle Klimaschutzplan der Regierung[262] so. Dessen Ziel: Wer nach dem Vorbild der Natur lebt, kann dem Klimaschutz helfen.

Engagieren für den Klimaschutz: Es lohnt!

Die Aktivisten von *Fridays for Future (FFF)* machen es vor. Sie ließen sich auch vom Corona-Lockdown nicht entmutigen, fanden – virtuell – neue Möglichkeiten, für den Klimaschutz ihre Stimme zu erheben. Mit Erfolg: Wohl kaum eine andere Bewegung in der jüngeren (deutschen) Geschichte ist so rasch zu solcher Größe gewachsen wie Greta Thunbergs freitäglicher Schulstreik vor dem schwedischen Parlament in Stockholm. Was als Aktion einer einzelnen Schülerin begonnen hatte, mobilisiert inzwischen Millionen Jugendliche auf der ganzen Welt. Wissenschaftler und Eltern schließen sich dem Protest für mehr Klimaschutz an. Sie sorgten mit dafür, dass ihn Politiker ernst nehmen müssen. Sie machten das Thema populär, und alle sind sich einig: Die Verantwortlichen müssen mehr unternehmen, müssen reagieren und ihren wohlfeilen Reden auf Konferenzen und in Parlamenten Taten folgen lassen.

Greta selbst hatte es eindrücklich vorexerziert. Sie nahm kein Blatt vor den Mund. Die damals 16 Jahre junge Schülerin redete auf UN-Meetings über das Klima. Staatschefs hörten ihr zu – und tatsächlich beginnen seither einige von ihnen, aktiv zu werden. Wenn auch oft noch (zu) zögerlich, manchmal widerwillig, mitunter auch nur, um sich zu vermarkten, und oft auch erst, wenn es gar nicht mehr anders geht oder Gerichte sie mit ihren Urteilen dazu zwingen.

Gretas Beispiel macht Mut. Die Schwedin ist Vorbild für inzwischen viele Menschen, die nun selbst auf- und einstehen für ihre Erkenntnis, dass wir unser Leben ändern müssen. Damit der Planet nicht unbewohnbar wird, reift die Überzeugung, dass die Menschheit Abschied nehmen muss von der Selbstüberschätzung. Denn die führt unweigerlich zum Absturz. So lieb uns Menschen das Bild von der eigenen Spezies als „Krone der Schöpfung"[263] auch sein mag, täuscht es doch Allmacht vor, wo sich eher Ausweglosigkeit abzeichnet.

Es kommt gar nicht darauf an, in Gretas Fußstapfen zu treten. Nicht wir alle müssen Heldinnen und Helden werden. Aber wir sollten erkennen, was schiefläuft und das dann versuchen zu verändern. Es kommt auch gar nicht darauf an, immer gleich den ganz großen Hebel umzulegen. Von viel größerer Bedeutung ist es, konsequent zu handeln und zu bleiben.

Entmutigen lassen muss sich niemand. So verständlich die Enttäuschung vieler (meist jüngerer) Aktiver darüber ist, dass sich die Veränderung im Bereich des Umwelt- und Klimaschutzes eher im Bummeltempo abspielt, so erkenntnisreich ist ein Blick in die Vergangenheit (den natürlich nur aus eigener Erfahrung speisen kann, wer alt genug dafür ist und auf eine genügend lange, bewusst erlebte Zeitspanne zurückblicken kann). Mit dieser Sichtweise nämlich erhellt sich das düstere Bild – es wird lichter. Das lässt hoffen, dass die beschwerliche Sisyphus-Arbeit als Klimaschützer, am Ende Sinn ergibt.

So wie sich der Ausstoß von CO_2 seit 1990 von über 1050 Millionen Tonnen bis 2020 doch bereits auf unter 650 Millionen Tonnen gesenkt hat[264] – noch immer nicht ausreichend, aber stetig.

Verlieren wir also nicht den Mut und bremsen wir unser Engagement nicht, weil noch viel zu tun bleibt. Packen wir lieber weiter an.

WENN GAR NICHTS MEHR GEHT

Verbitterung ist kein guter Antrieb. Engagement muss auch Spaß machen. Das lehrte David de Rothschild, der bereits 2007 das *Global Warming Survival Handbook* schrieb. Er gab seinen Leserinnen und Lesern nicht nur handfeste Argumente und umsetzbare Tipps an die Hand, die gegen den Klimawandel helfen können. Er unterbreitete ihnen – typisch amerikanischer Wissenschaftsautor, der auch ernsthafte Themen durchaus mit einem Augenzwinkern serviert – auch nicht immer ganz ernst gemeinte Ratschläge, die aber stets einem ernsthaften Ansatz folgten.

Solchen Vorschlägen widmet sich dieser Ratgeber zum Schluss: Sie können vielleicht Hilfe für den Fall versprechen, dass das Schlimmste eintreten sollte (was wir ja eigentlich zu verhindern versuchen). Denn im Fall der Fälle müssen wir uns auf alle Fälle vorbereiten.

46 Gewöhnen Sie sich an neue Hausgenossen

Darum geht es

Hund und Katz als Klimasünder: Forscher fanden an der Universität von Kalifornien heraus[265], dass die Vierbeiner einen CO_2-Ausstoß verursachen, der jenen von 13 Millionen Autos in den Schatten stellt. In den USA futtern Haustiere demnach ein Viertel der Fleischproduktion US-amerikanischer Farmen und Schlachthöfe. In Deutschland werden geschätzte 500 Millionen „Gassibeutel" pro Jahr für Zamperl verbraucht[266]. Die meisten sind aus Erdöl produziert.

So geht es

Mit dem Klimawandel wird Wasser in Deutschland knapper. Vielleicht wäre daher ein Kamel das geeignetere Haustier. Es kommt wochenlang ohne Fressen und Saufen aus und verträgt hohe Temperaturen bestens: Es schwitzt nicht.

Tipp

Ihr Kamel können Sie auf einer Wiese mit Gras ernähren. Es schenkt Ihnen dafür Milch wie eine Kuh. Die ist noch viel nahrhafter und vitaminreicher als Kuhmilch und soll sogar aphrodisierend wirken[267].

Unser Klimaschutz-Index	1	2	3	4	5
Aufwand			x		
Ergebnis			x		
INDEX 1					

Pluspunkt für den Klimaschutz

Das Kamel ist vielseitiger nutzbar als ein Hund, eine Katze oder ein Papagei. Es liefert Nahrung, seine Wolle Kleidung. Dabei sind die Tiere genügsam und leben bis zu 50 Jahre lang – echt nachhaltig.

Ihr Erfolg

Ihr Kamel kann Lasten schleppen – bis zu 250 Kilogramm[268]. Kameltreiber brauchen für Großeinkäufe also kein Auto und ersparen der Umwelt den Energieverbrauch. Außerdem sind Wüstenschiffe auch für den Personentransport einsetzbar.

 **Kaufen Sie ein Hausboot**

Darum geht es

Wenn Pole und Gletscher schmelzen, steigen die Ozeanpegel. Die Erde wird in weiten Regionen überschwemmt. Da ist es gut, sich auf einem Boot in Sicherheit zu wiegen. Das *Seasteading Institute*[269] in Kalifornien schart Wissenschaftler, Gleichgesinnte und Investoren um sich, die ein Leben auf bewohnbaren Kunstinseln – notfalls auch ausrangierten Bohrplattformen – propagieren und weltweit erste Versuche starten. Sie wollen auf dem Wasser autarkes Leben möglich machen.

So geht es

In Holland gibt es inzwischen Farmen auf Flößen[270]. Selbst das Vieh schwimmt im Rotterdamer Hafen auf dem Wasser, die Milch wird an Bord zu Joghurt. Die Produkte verkauft der Bio-Bauer ab Bootsfarm. So beansprucht der Hof an Land keinen Platz.

Tipp

Stärken Sie das Problembewusstsein: Adoptieren Sie einen Gletscher und verfolgen Sie, ob er wächst oder schrumpft – wahrscheinlich Letzteres. So bauen sie eine Beziehung zu „Ihrem" Eis auf. Persönliche Betroffenheit intensiviert das Schutzengagement.

Unser Klimaschutz-Index	1	2	3	4	5
Aufwand				x	
Ergebnis				x	
INDEX 1,33					

Pluspunkt für den Klimaschutz

Für die *UN Food and Agriculture Organisation* macht eine schwimmende Farm Sinn. Sie brauche wahrscheinlich „weniger Wasser, Dünger oder Pestizide als konventionelle Landwirtschaft"[271].

Ihr Erfolg

28 Billionen Tonnen Eis schmolzen zwischen 1994 und 2017 auf der Erde durch den Klimawandel. Das ist ein 100 Meter mächtiger Eisblock vom Ausmaß Großbritanniens.[272] Das sind die negativen Folgen des Klimawandels. Denn pro Grad Celsius der Erderwärmung steigt der Meeresspegel nach Berechnungen des *PIK* in den Ozeanen der Erde um 2,3 Meter[273].

48 Üben Sie den Regentanz

Darum geht es

Wassermangel wird auf der wärmeren Erde zunehmend zum Problem. Menschen können aber, ohne zu trinken, nicht lange überleben. Schon jetzt haben „2,1 Milliarden Menschen keinen Zugang zu sauberem Trinkwasser. 4,3 Milliarden können keine Sanitäranlagen nutzen"[274], weiß die *Unesco*. Der Klimawandel verschärft die Lage weiter. „Es ist nicht selbstverständlich, dass es überall Wasser im Überfluss gibt", sagte Umweltministerin Svenja Schulze im Sommer 2021 bei der Vorstellung der *Nationalen Wasserstrategie* für Deutschland[275] und warnte vor einem „Kampf ums Wasser".

So geht es

Sammeln Sie Wasser. Der Inhalt der Regentonne ist fürs Wässern des Gartens oder Balkonblumen gut. Auch für die WC-Spülung wäre solches „Grauwasser" ausreichend – das könnte pro Haushalt täglich 70 Liter Trinkwasser sparen[276]. Und achten Sie darauf, so wenig Boden wie möglich zu versiegeln, damit Regen in die Erde sickern kann. Oder aber: Üben Sie Regentänze und hoffen, dass die wirken. Die Vegetation freut sich darüber bestimmt.

Unser Klimaschutz-Index	1	2	3	4	5
Aufwand		x			
Ergebnis				x	
INDEX 2					

Tipp

Mit der Menge an Regen, die pro Jahr auf ein 100m²-Dach prasselt, könnten zwei Personen die Wäsche waschen, Haus und Auto putzen, die Toilette spülen und einen Garten wässern. Und: Regenwasser reinigt oft besser als Leitungswasser[277].

Pluspunkt für den Klimaschutz

Wasseraufbereitung und Abwasserbehandlung erfordern Energie. In Deutschland fallen gut 10 Milliarden Kubikmeter Wasser zur Reinigung an. Je weniger, desto besser für das Klima.

Ihr Erfolg

Mit der Regenwassernutzung steigt das Grundwasser, weil weniger abgezapft wird und mehr versickern darf. So überstehen Natur und Landwirtschaft Trockenperioden besser.

Darum geht es

Wenn die Erde unbewohnbar, weil zu heiß wird, hilft nur noch Auswandern. Tech-Freaks setzen auf Mars-Kolonien. Sie wollen den Planeten schon bald besiedeln. Stephen Hawking sah darin unsere letzte Chance. Nur: Das löst nicht das Problem, denn solange die Menschen bleiben, wie sie zurzeit (noch) sind und uns in diese Klimakatastrophe stürzten, ruinieren sie als Nächstes dann wohl auch den Mars. Also hilft nur, sich der Ursachen bewusst zu werden und diese zu ändern.

So geht es

Die *NASA* sucht bereits nach „lebensfreundlichen Planeten"[278]. Hoffen wir also, dass die Planetenjäger mit ihren Teleskopen fündig werden. Oder besser: Leben wir doch im Hier und Jetzt. Dann sollten wir uns aber darum mühen, das Klima bestmöglich zu schützen. Vor allem gilt es der Mentalität abzuschwören, die uns mit ihrem Drang nach „immer mehr" erst in diese Lage manövriert hat. Denn die Planetensuche ist kaum bezahlbar: Das Apollo-Programm kostete die *NASA* nach heutigem Geldwert mindestens 250 Milliarden Dollar[279].

Unser Klimaschutz-Index	1	2	3	4	5
Aufwand					x
Ergebnis			x		
INDEX 1,66					

Tipp

Bevor Sie Raumanzug und Rakete kaufen, bleiben Sie Realistin oder Realist. Das ist günstiger und hat – trotz der aktuellen Klimalage – mehr Aussicht auf Erfolg.

Pluspunkt für den Klimaschutz

Mehr Raumfahrzeuge, mehr Weltraummüll: Schon heute umkreisen mehr als 300.000 künstliche Objekte die Erde[280], weshalb die *ESA* ab 2025 aktiv werden und einige davon mit einem 100-Millionen-Euro-Budget[281] einfangen und vernichten will. Denn Treibhausgase sorgen auch dafür, dass der Weltraumschrott länger im Orbit bleibt als vorgesehen[282].

Ihr Erfolg

Zum Mars (oder sonst einem Himmelkörper) auszuwandern, ist ein wenig wie den Kopf in den Sand zu stecken. Es beseitigt den Klimawandel auf der Erde nicht. Besser ist es, alles daran zu setzen, ihn zu begrenzen.

Darum geht es

Wenn wir die Lebensumwelt auf der Erde so verändern, dass Pflanzen und Tiere – inklusive der Menschen – sich nicht rasch genug anpassen können, müssen wir die Evolution ankurbeln. Ein Vorbild dafür gibt es bereits in der Genesis der Bibel[283] mit Noahs Arche. Mit ihr rettete der Altvordere die Arten vor der Sintflut. Diese Aufgabe stellt sich heute erneut.

So geht es

Schaffen und erhalten wir Lebensräume für Tiere und Pflanzen, indem wir Nischen in unseren Gärten anlegen, statt unsere Grundstücke für Autos zu teeren. Kümmern wir uns dabei nicht nur um attraktive Arten wie Löwen oder Wale. Achten wir auch auf die unscheinbaren, weniger sichtbaren oder zu Unrecht unbeliebten Tiere wie Spinnen oder Schlangen. Und lassen wir die Natur wuchern, statt sie zu stutzen.

Tipp

Wenn Ihr Garten ein Insektenparadies wird, blüht und duftet es dort. Das ist eine Freude für die Sinne.

Unser Klimaschutz-Index	1	2	3	4	5
Aufwand			x		
Ergebnis					x
INDEX 1,66					

Pluspunkt für den Klimaschutz

Die so genannte Rote Liste der bedrohten Arten wird immer länger. Das Wissensportal *scinexx* spricht von 150 aussterbenden Arten täglich[284]. Da sich die Biodiversität und der Klimaschutz gegenseitig bedingen, ist jede gerettete Art ein Plus fürs Klima. Für das Bundesamt für Naturschutz ist klar: „Naturschutz hat daher die Aufgabe, Ökosysteme intakt zu halten oder zu renaturieren, die durch Kohlenstoffspeicherung und -aufnahme das Klima schützen."[285]

Ihr Erfolg

Unseren Pro-Kopf-CO_2-Ausstoß sollen wir, um die Pariser Klimaziele zu erreichen, auf unter eine Tonne senken. Das erfordert, dass wir an jeder möglichen Stellschraube drehen. Nach dem Motto „Auch Kleinvieh macht Mist" hilft es, wenn wir jeden noch so kleinen Beitrag zum Artenschutz beisteuern.

Kollidierende Interessen

Arten- und Klimaschutz liegen nicht immer auf derselben Linie. Beispiel: Windenergie.

Vogel- und Fledermausschützer einerseits, Befürworter der erneuerbaren Energieproduktion andererseits liegen seit Jahren miteinander im Clinch. Beide Seiten wollen mit für sie jeweils überzeugenden Argumenten die eigenen Interessen behaupten und versuchen, der anderen Seite den Schwarzen Peter in die Karten zu schieben. Die Artenschützer pochen auf das Lebensrecht der Tiere, die immer wieder kreisenden Rotorblättern zum Opfer fallen. Auf der Gegenseite unterstreicht die Ökostrom Lobby den Wunsch nach zusätzlichen Standortausweisungen für noch mehr klimafreundliche Energie.

Positionen, die sich lange Zeit kaum vereinbaren ließen. Nun aber soll technischer Fortschritt einen Betrag zur Lösung des Konflikts leisten. Das *BfN* lässt dazu Forschungen auswerten und führt mit beiden Interessenvertretern Vermittlungsgespräche[286].

Der Konflikt legt beispielhaft offen: Menschen denken meist linear. Sie haben einen Wunsch, den sie schnellstmöglich und direkt erfüllen wollen. Sie sind geleitet vom eigenen Interesse. Ökologie aber ist ein vernetztes System, das nur selten gradlinig funktioniert, das in seiner Evolution Varianten erzeugt und zulässt und das nach dem Prinzip von Versuch und Irrtum arbeitet, um die besten Ergebnisse zu erzielen.

Das erfordert Geduld. Daran sollten wir Menschen uns öfter einmal erinnern, wenn wir eine Idee verfolgen, von der wir rasch den bestmöglichen Erfolg erhoffen: Natur-Systeme funktionieren anders, wir sollten sie respektieren und darauf vertrauen, dass sie am Ende wahrscheinlich das passende Ergebnis hervorbringen. Das belegen die Jahrmilliarden der erdgeschichtlichen Evolution.

Menschen müssen sich also mäßigen und jene Selbstüberschätzung ablegen, mit der wir immer wieder glauben, uns die Erde untertan machen zu können. Dieses Bibelwort haben wir seit Menschengedenken immer wieder gerne – und immer falsch – ausgelegt. Menschliche Zielstrebigkeit, die wir auch zur Grundlage unseres ökonomischen Denkens und unserer Leistungsdefinition erklärten, ist eben nicht immer das überlegene Prinzip. Sie kann – wie wir am aktuellen Klimawandel deutlich spüren – in eine Sackgasse lenken, aus der wir nur mit Not wieder zurück auf unseren Weg finden.

Anmerkungen

1 https://utopia.de/ratgeber/lithium-abbau-das-solltest-du-darueber-wissen/
2 https://globalmagazin.com/maer-vom-klimafreundlichen-elektroauto/
3 https://www.amazon.de/Die-Welt-ohne-uns-unbev%C3%B6lkerte/dp/3492051324
4 https://www.bpb.de/lernen/digitale-bildung/werkstatt/258946/schubs-mich-nicht-nudging-als-politisches-gestaltungsmittel
5 https://www.perlentaucher.de/buch/cass-r-sunstein-richard-thaler/nudge.html
6 Vergleiche: https://www.br.de/wissen/nudging-verhalten-gewohnheiten-leichter-veraendern-100.html
7 https://www.wissenschaft.de/erde-klima/wie-viel-co2-schlucken-die-ozeane/
8 https://www.heise.de/tp/features/Stromfresser-Internet-4776573.html
9 https://idw-online.de/de/news768689
10 https://www.bundesverfassungsgericht.de/SharedDocs/Pressemitteilungen/DE/2021/bvg21-031.html
11 https://www.spiegel.de/wissenschaft/mensch/erdueberlastungstag-deutschland-lebt-ab-mitt-woch-auf-pump-a-36fbe102-c11a-4529-b619-823c8ac0095d?xing_share=news
12 https://globalmagazin.com/corona-veraendert-die-welt-nicht-nur-zum-boesen/
13 Vergleiche: https://www.resilienz-akademie.com/verantwortung/
14 https://www.faz.net/aktuell/feuilleton/debatten/klimaschutz-generationengerechtigkeit-ist-kein-grundrecht-17333620.html
15 https://www.handelsblatt.com/meinung/gastbeitraege/gastkommentar-wir-muessen-mit-der-co2-entnahme-beginnen/27179138.html
16 https://www.presseportal.de/pm/155421/4909207?utm_source=digest&utm_medium=email&utm_campaign=push
17 https://www.lavendelgrimme.de/
18 https://www.faz.net/aktuell/wissen/klima/mehr-licht-im-dunkel-des-klimawandels-1407477.html?printPagedArticle=true#pageIndex_3
19 https://sdgs.un.org/goals
20 https://globalmagazin.com/shell-klm-und-ing-bestachen-klimawandel-leugner/
21 http://kurt.digital/2020/03/14/zeitdruck-beim-klimawandel-wie-viel-zeit-noch-bleibt/
22 https://www.dw.com/de/15-j%C3%A4hrige-redet-klimapolitikern-ins-gewissen/a-46569114
23 https://www.helmholtz-klima.de/aktuelles/ein-gesunder-lebensstil-hilft-auch-dem-klima
24 https://www.bundesgesundheitsministerium.de/ministerium/meldungen/ 2016/160128-zika-virus.html
25 https://www.umweltbundesamt.de/asiatische-tigermuecke#gefahrenabschatzung
26 https://www.welt.de/debatte/kommentare/article198131403/Klimawandel-Fuer-Umweltschutz-braucht-es-Innovation-statt-Askese.html
27 https://de.wikipedia.org/wiki/Ralf_F%C3%BCcks
28 Ralf Fücks: Inteligent Wachsen. Die grüne Revolution, Hanser München, 2013
29 https://gutezitate.com/zitat/114919
30 https://www.dartmouth.edu/library/digital/publishing/meadows/ltg/
31 https://www.bpb.de/nachschlagen/zahlen-und-fakten/globalisierung/52761/peak-oil
32 Ha Vinh Tho/Gerd Pfitzenmaier: Grundrecht auf Glück. Bhutans Vorbild für ein gelingendes Miteinander. Nymphenburger, München 20124
33 https://static.agora-energiewende.de/fileadmin/Projekte/2021/2021_04_KNDE45/A-EW_209_KNDE2045_Zusammenfassung_DE_WEB.pdf
34 https://mpimet.mpg.de/kommunikation/fragen-zu-klima-/-faq/wie-funktioniert-der-treibhauseffekt
35 https://350.org/
36 https://www.umweltbundesamt.de/daten/klima/treibhausgas-emissionen-in-deutschland/me-than-emissionen
37 https://www.bundesregierung.de/breg-de/aktuelles/tauender-permafrost-eine-unterschaetzte-gefahr-fuer-das-weltklima-1614664
38 https://www.umweltbundesamt.de/daten/klima/treibhausgas-emissionen-in-deutschland/me-than-emissionen
39 https://www.welt.de/wissenschaft/article1158493/Methan-aus-Reisanbau-ist-ein-Klimakiller.html#
40 https://www.umweltbundesamt.de/themen/klima-energie/klimafolgen-anpassung/folgen-des-kli-mawandels-0#klimafolgen-welche-bereiche-sind-betroffen
41 https://www.bundesregierung.de/breg-de/themen/klimaschutz/auswirkungen-klimawandel-1669160
42 Bejamin von Brackel: Die Natur auf der Flucht. Warum sich unserWald davonmacht und der Braun-bär auf den Eisbär trifft. Heyne Verlag, München 2021
43 https://globalmagazin.com/waldrodungen-erhoehen-das-risiko-fuer-pandemien/
44 https://blogs.nabu.de/klimaschutz-artenschutz/
45 https://www.wwf.de/themen-projekte/weitere-artenschutzthemen/rote-liste-gefaehrdeter-arten/
46 https://bit.ly/3hwY3dN
47 https://worldoceanreview.com/de/wor-1/kuesten/lebensraum-kueste/
48 https://www.heise.de/hintergrund/Corona-Klimawandel-als-Treiber-der-Pandemie-5067521.html
49 https://www.lse.ac.uk/GranthamInstitute/publication/the-economics-of-climate-change-the-stern-review/
50 https://de.wikipedia.org/wiki/Stern-Report
51 https://www.ee-news.ch/de/article/44378/studie-klimaschaden-kosten-wirtschaft-erheblich-mehr-als-erwartet
52 https://www.bmwi.de/Redaktion/DE/Artikel/Energie/arbeitsplaetze-und-beschaeftigung.html

53 Vergleiche: https://www.bpb.de/gesellschaft/migration/kurzdossiers/282320/der-zusammenhang-zwischen-klimawandel-und-migration

54 https://bit.ly/3htUVzj

55 https://www.bpb.de/gesellschaft/migration/kurzdossiers/282320/der-zusammenhang-zwischen-klimawandel-und-migration

56 https://www.br.de/nachrichten/wissen/pariser-klimaabkommen-warum-das-1-5-grad-ziel-so-wichtig-ist,SLxzhFV

57 https://www.umweltbundesamt.de/sites/default/files/medien/publikation/long/3283.pdf

58 https://hadleyserver.metoffice.gov.uk/wmolc/

59 https://www.t-online.de/nachrichten/deutschland/id_88694728/studie-klimawandel-verursacht-kosten-in-billionenhoehe-.html

60 https://www.oekosystem-erde.de/html/stern_report.html

61 http://kurt.digital/2020/03/14/zeitdruck-beim-klimawandel-wie-viel-zeit-noch-bleibt/

62 https://www.fr.de/politik/haben-noch-zehn-jahre-oder-13019004.html

63 https://www.umweltbundesamt.de/themen/abfall-ressourcen/oekonomische-rechtliche-aspekte-der/rebound-effekte

64 https://globalmagazin.com/nach-energie-und-mobilitaets-jetzt-die-bauwende/

65 https://www.deutschland-machts-effizient.de/KAENEF/Redaktion/DE/Thema-Klimaschutz/der-stand-der-dinge.html

66 G. Pfitzenmaier/B. Schmelzer: 50 einfache Umwelttipps für den Alltag. GU-Ratgeber, München, 1991

67 David de Rothschild: Global Warming Survival Handbook. 77 Essential Skills to Stop Climate Change, Rodale Inc. New York 2007

68 https://www.smarticular.net/klimaschutz-alltag-tipps/

69 https://www.umweltbundesamt.de/daten/private-haushalte-konsum/wohnen/energieverbrauch-privater-haushalte#endenergieverbrauch-der-privaten-haushalte

70 https://www.wiwo.de/technologie/ladegeraete-versteckten-stromverbrauch-stoppen/5631150.html

71 https://www.umweltbundesamt.de/presse/pressemitteilungen/bilanz-2019-co2-emissionen-pro-kilowattstunde-strom

72 https://www.abendzeitung-muenchen.de/bayern/bayerischer-wald-gemeinden-leiden-an-trink-wassermangel-art-313317

73 https://www.bmz.de/de/entwicklungspolitik/wasser/wasser-und-energie-20676

74 https://www.co2online.de/energie-sparen/heizenergie-sparen/warmwasser/durchschnittlicher-wasserverbrauch/#c138209

75 https://www.bkwk.de/blaue-energie/blauer-strom/

76 https://www.yello.de/mehralsdudenkst/energiewende-wie-steht-es-um-den-strommix-in-deutschland/

77 https://bit.ly/3vmxLiE

78 https://www.umweltbundesamt.de/themen/mehr-klimaschutz-einer-neuen-heizung

79 https://www.tga-fachplaner.de/klimatechnik/empa-studie-klimawandel-immer-mehr-energie-fuer-kuehlung

80 Vergleiche: Pfitzenmaier/Schmelzer 50 Umwelttipps für den Alltag, GU-Ratgeber 1991

81 https://www.effizienzhaus-online.de/heizung-energietraeger-und-klimabilanz/

82 https://www.mieterbund.de/service/heizspiegel.html

83 https://www.umweltbundesamt.de/daten/private-haushalte-konsum/wohnen/wohnflaeche#folgen-der-flachennutzung-durch-wohnen-fur-die-umwelt

84 https://toni-hofreiter.de/klarstellung-einfamilienhaeuser/

85 https://www.umweltbundesamt.de/daten/flaeche-boden-land-oekosysteme/flaeche/siedlungs-verkehrsflaeche#anhaltender-flachenverbrauch-fur-siedlungs-und-verkehrszwecke-

86 https://globalmagazin.eu/blog/die-erste-essbare-stadt-deutschlands/

87 https://globalmagazin.eu/themen/natur/stadtgruen-hilft-gesund-zu-bleiben/

88 https://globalmagazin.eu/themen/wissenschaft/pflanzen-am-strassenrand-reduzieren-schad-stoffe-aus-verkehr/

89 https://www.welt.de/print/die_welt/debatte/article13499011/Klimakiller-Beton.html

90 https://www.zeit.de/gesellschaft/zeitgeschehen/2020-12/berlin-tegel-flughafen-holzbau-wohnungen

91 https://www.wald.de/waldwissen/wie-viel-kohlendioxid-co2-speichert-der-wald-bzw-ein-baum/

92 https://www.mein-schoener-garten.de/service/gartenrecht/schottergaerten-verboten-43171

93 https://globalmagazin.com/insekten-im-eigenen-garten-schuetzen/

94 https://globalmagazin.com/mehr-baeume-statt-beton/

95 https://globalmagazin.com/naturbewusstsein-in-der-bevoelkerung-steigt/

96 https://pubmed.ncbi.nlm.nih.gov/23467965/

97 https://bit.ly/2TnS4hu

98 https://bit.ly/3vyaA4T

99 https://www.verbraucherzentrale-bremen.de/pressemeldungen/energie/erneuerbare-energien/strom-von-balkon-und-terrasse-60704

100 https://bit.ly/3wFezwu

101 https://www.bee-ev.de/fileadmin/Publikationen/Infografiken/BEE-Grafik_vermiedene_THG-Emissionen_2019.pdf

102 https://globalmagazin.eu/themen/klima/la-will-mit-weisser-farbe-klimawandel-mindern/

103 https://globalmagazin.eu/themen/klima/la-will-mit-weisser-farbe-klimawandel-mindern/

104 https://www.myhomebook.de/news/weissestes-weiss

105 https://www.umweltbundesamt.de/service/uba-fragen/ist-atomstrom-wirklich-co2-frei

106 https://bit.ly/3vrRH3A

107 https://bit.ly/3unP2GJ

108 https://www.ipcc.ch/report/ar5/wg3/

109 https://www.umweltbundesamt.de/service/uba-fragen/ist-atomstrom-wirklich-co2-frei

110 https://de.wikipedia.org/wiki/Atomausstieg

111 https://vision-mobility.de/news/studie-zukunftsinstitut-corona-krise-laeutet-neue-epoche-der-mobilitaet-ein-71088.html

112 https://www.tagesschau.de/ausland/cozwei-rueckgang-corona-101.html

113 https://bit.ly/2SAdyqW

114 https://www.zukunftsinstitut.de/artikel/corona-mobility-shift-die-zukunft-des-autos/

115 https://www.tagesschau.de/wirtschaft/rueckgang-flugverkehr-101.html

116 https://www.spiegel.de/wissenschaft/mensch/kurzstreckenfluege-wie-schaedlich-ist-die-halbe-stunde-ueber-den-wolken-a-aba061d5-7e8a-4bb0-a31d-92dbd25bf09e

117 https://bit.ly/3oUbPsJ

118 https://bit.ly/3yIpK9K

119 https://bit.ly/3oUbPsJ

120 https://www.co2online.de/klima-schuetzen/mobilitaet/bahn-oder-flugzeug-der-vergleich/

121 https://www.sciencedirect.com/science/article/pii/S1361920921000687

122 https://bit.ly/2TnYaOW

123 https://www.greenpeace.de/themen/klimawandel/klimaschutz/wie-sie-1000-kilogramm-co2-einsparen

124 https://www.adac.de/der-adac/regionalclubs/nrw/nrw-kolumne-parken/

125 https://www.mein-klimaschutz.de/unterwegs/a/einkauf/wie-hoch-sind-die-kosten-fuer-carsharing/

126 https://bit.ly/3c3tAAK

127 https://bit.ly/3i3y3XD

128 Pfitzenmaier/Schmelzer: 50 Umwelttipps für den Alltag, GU-Ratgeber a.a.O.

129 https://www.europarl.europa.eu/news/de/headlines/society/20190313STO31218/co2-emissionen-von-autos-zahlen-und-fakten-infografik

130 https://www.oxfam.de/mitmachen/im-alltag/nachhaltig-reisen-klimaschutz-tipps

131 https://www.ecowoman.de/freizeit/natur/die-erstaunlichsten-co2-vergleiche-wie-viel-co2-ver-ursachen-flugzeuge-5702

132 https://www.dw.com/de/die-schattenseiten-des-tourismus/a-45143568

133 https://www.forschung-und-wissen.de/nachrichten/umwelt/klimawandel-tourismus-fuer-8-pro-zent-der-co2-emissonen-verantwortlich-13373353

134 https://globalmagazin.eu/themen/wirtschaft/vorbild-tallinn-nahverkehr-umsonst/

135 https://vm.baden-wuerttemberg.de/de/service/presse/pressemitteilung/pid/klimaschutzziele-er-fordern-verdopplung-des-oepnv-bis-2030/

136 https://www.vcd.org/themen/klimafreundliche-mobilitaet

137 https://www.mobil-bleiben.de/mobil-unterwegs/mobil-mit-bus-und-bahn/vorteile-oeffentlicher-verkehrsmittel/

138 https://globalmagazin.com/maer-vom-klimafreundlichen-elektroauto/

139 https://youtu.be/2BK1zH3wrBU

140 https://globalmagazin.com/plug-in-hybride-gefaehrden-klimaziele-im-verkehr/

141 https://www.dw.com/de/westlicher-konsum-belastet-klimaschutz/a-18908281

142 https://www.co2online.de/klima-schuetzen/nachhaltiger-konsum/einfuehrung-nachhaltiger-konsum/

143 ebenda

144 https://globalmagazin.eu/themen/wirtschaft/teilen-ist-das-neue-besitzen/

145 https://globalmagazin.eu/blog/recycling-experiment-staerkt-buergersinn/

146 https://globalmagazin.eu/themen/wirtschaft/teilen-schafft-mehrwert/

147 https://globalmagazin.eu/themen/wirtschaft/ausleihen-in-der-bibliothek-der-dinge/

148 https://globalmagazin.com/so-werden-schutzmasken-nicht-zum-umweltproblem/

149 https://verbraucher.com/themenhefte/themenhefte-zu-umwelt-nachhaltigkeit/abfall-abc-themenheft.html

150 https://www.umweltbundesamt.de/themen/abfall-ressourcen/abfallwirtschaft/klimaschutz-in-der-abfallwirtschaft

151 https://www.focus.de/digital/handy/handy-recyceln-wertvolle-rohstoffe-in-alten-smartphones _id_4743591.html

152 https://globalmagazin.eu/themen/wirtschaft/pc-tv-oder-handy-goldader-in-der-e-schrotthalde/

153 https://globalmagazin.com/plastikmuell-und-kippen-kosten-jaehrlich-700-millionen/

154 https://www.focus.de/perspektiven/art-der-produkte-entscheidend-onlineshopping-oder-laden-kauf-was-hat-die-bessere-klimabilanz_id_13242336.html

155 https://www.umweltbundesamt.de/publikationen/die-oekologisierung-des-onlinehandels

156 https://www.jetzt.de/umwelt/klimaschutz-und-digitalisierung-ein-konflikt

157 https://www.fairlis.de/post/co2-schleuder-internet-wie-schlimm-es-wirklich-ist-und-was-du-da-gegen-tun-kannst/#

158 https://globalmagazin.com/plastikmuell-auf-dem-dach-der-welt/

159 https://www.sciencedirect.com/science/article/pii/S0160412020322297#f0015

160 https://journals.plos.org/plosone/article?id=10.1371%2Fjournal.pone.0200574

161 https://www.verbraucherzentrale.de/wissen/umwelt-haushalt/wohnen/so-kann-jeder-plastik-im-alltag-vermeiden-7553

162 https://unverpackt-verband.de/

163 https://www.boell.de/sites/default/files/2019-10/ciel-ES-GHG-German-10.19.pdf
164 https://globalmagazin.eu/themen/wirtschaft/upcycling-der-neue-trend-fuer-mehr-nachhaltigkeit/
165 https://de.ifixit.com/
166 https://www.umweltbundesamt.de/themen/reparieren-recyceln-ressourcen-schonen
167 https://globalmagazin.eu/themen/wirtschaft/dnr-fordert-von-wirtschaft-bessere-produkte/
168 https://globalmagazin.com/produkte-nachhaltiger-nutzen/
169 https://www.boell.de/de/2019/06/06/klimawandel-plastik-heizt-das-klima
170 https://www.ingenieur.de/technik/fachbereiche/umwelt/umstellung-auf-bioplastik-klimaschaedlich/
171 https://www.plastikalternative.de/plastik-klimawandel/
172 https://globalmagazin.eu/themen/natur/plastikmuell-im-ozean/
173 Vergleiche: Pfitzenmaier/Schmelzer: 50 einfache Umwelttipps, GU-Ratgeber a.a.O.
174 https://fashionchangers.de/klimawandel-und-mode-wie-sehr-unser-konsum-das-klima-beeinflusst/
175 https://www.bmz.de/de/entwicklungspolitik/lieferketten
176 https://bit.ly/3fCJHHv
177 https://utopia.de/ratgeber/co2-rechner-5-webseiten-mit-denen-du-deine-klimabilanz-errechnen-kannst/
178 https://uba.co2-rechner.de/de_DE/
179 https://rosalindreadhead.wordpress.com/journal/
180 https://www.umweltbundesamt.de/themen/freiwillige-co2-kompensation
181 Vergleiche: https://www.bnw-bundesverband.de/blog/2020/05/18/co2-kompensation-und-die-grenzen-zum-greenwashing/
182 https://www.goldstandard.org/
183 https://www.test.de/CO2-Kompensation-Diese-Anbieter-tun-am-meisten-fuer-den-Klimaschutz-5282502-5282508/
184 https://reset.org/act/be-co2-compensator
185 https://www.klima-sucht-schutz.de/service/news/beitrag/stromkosten-in-deutschland-bis-43-prozent-unterschied-22337/
186 https://www.co2online.de/foerdermittel/bafa-foerderung/#c130847
187 https://www.energieatlas.bayern.de/energieeffizienz
188 https://www.oeko.de/fileadmin/oekodoc/vzbv-Verlaengerung-Nutzungsdauer.pdf
189 https://www.wwf.de/themen-projekte/landwirtschaft/ernaehrung-konsum/ernaehrung
190 https://bit.ly/3pbOCCg
191 https://www.bmz.de/de/agenda-2030/sdg-2
192 https://www.praxis-agrar.de/umwelt/klima/klimawandel-einfluss-der-landwirtschaft/?L=0
193 https://www.ehlert-gmbh.de/blog/news/co2-kennzeichnung-von-lebensmitteln/
194 https://www.boell.de/de/de/fleischatlas-2021-jugend-klima-ernaehrung/?dimension1=ds_fleisch-atlas_2021#Beitr%C3%A4ge
195 https://de.statista.com/statistik/daten/studie/28931/umfrage/weltweiter-rinderbestand-seit-1990/
196 https://www.treehugger.com/cutting-out-beef-cut-agricultural-land-in-half-5115204
197 https://www.wiwo.de/technologie/green/methan-wie-rinder-dem-klima-schaden/19575014.html
198 https://www.spiegel.de/wissenschaft/mensch/berechnung-zum-klimaeffekt-was-fleischverzicht-fuer-den-klimaschutz-bringt-a-1280923.html
199 https://projekt-enera.de/blog/wie-beeinflusst-fleischkonsum-den-klimawandel/
200 https://idw-online.de/de/news766175
201 https://uba.co2-rechner.de/de_DE/
202 https://www.regionalbewegung.de/fileadmin/user_upload/2019/Aktion_Berlin/Pressemitteilung_Aktion_Die_letzten_ihrer_Art_-_Rote_Liste_Nahversorger_190918.pdf
203 https://www.verbraucherzentrale.de/wissen/lebensmittel/kennzeichnung-und-inhaltsstoffe/regionale-lebensmittel-11403
204 https://www.zeit.de/news/2021-05/12/wie-essen-das-klima-schuetzt?utm_referrer=https%3A%2F%2Fwww.bing.com%2F
205 https://www.alpeninitiative.ch/themen/unsinnige_transporte/
206 https://www.allianz-pro-schiene.de/themen/gueterverkehr/verlagerung/
207 https://www.vda.de/de/themen/umwelt-und-klima/lang-lkw/der-lang-lkw.html
208 https://www.bmvi.de/SharedDocs/DE/Artikel/K/klimaschutz-kombinierter-verkehr.html
209 https://www.zeit.de/news/2021-05/12/wie-essen-das-klima-schuetzt?utm_referrer=https%3A%2F%2Fwww.bing.com%2F
210 https://www.ifeu.de/fileadmin/uploads/landwirtschaft/pdf/IFEU_Umwelt_Regionale_Lebensmittel_2012_final_handout.pdf
211 https://utopia.de/klimabilanz-lebensmittel-vergleich-188338/
212 https://www.br.de/nachrichten/deutschland-welt/humusaufbau-wirksamer-klimaschutz-oder-green-washing,SBKW3fY
213 https://www.dw.com/de/agrarwende-klimaschutz-landwirtschaft-fleisch-d%C3%BCnger-pestizide-soja-weltern%C3%A4hrung/a-41053045
214 https://www.thuenen.de/de/thema/boden/humus-fuer-bodenfruchtbarkeit-und-klimaschutz/
215 https://bit.ly/3vQGyJX
216 https://www.dw.com/de/agrarwende-klimaschutz-landwirtschaft-fleisch-d%C3%BCnger-pestizide-soja-weltern%C3%A4hrung/a-41053045
217 https://www.verbraucherzentrale.de/wissen/lebensmittel/auswaehlen-zubereiten-aufbewahren/das-verwirrspiel-mit-der-region-12755

218 https://www.capital.de/wirtschaft-politik/diese-lebensmittel-belasten-das-klima-besonders
219 https://www.fibl.org/fileadmin/documents/de/oesterreich/arbeitsschwerpunkte/Klima/
Klimabilanz_bio_konv_Vergleich_0912.pdf
220 https://www.welt.de/kmpkt/article203135004/Oeko-vs-konventionelle-Landwirtschaft-Bio-ist-
nicht-immer-klimafreundlich.html
221 https://www.bzfe.de/lebensmittel/einkauf-und-kennzeichnung/convenience/convenience-lebensmittel/
222 https://www.oeko.de/oekodoc/1256/2012-395-de.pdf
223 https://schrotundkorn.de/umwelt/die-co2-diaet-1
224 https://www.welthungerhilfe.de/hunger/
225 https://foodsharing.de/
226 https://bit.ly/3plveCT
227 https://www.europarl.europa.eu/news/de/headlines/society/20170505STO73528/lebensmittelver-
schwendung-in-der-eu-infografik
228 https://www.umweltdesamt.de/umwelttipps-fuer-den-alltag/essen-trinken/essensreste-le-
bensmittelabfaelle#gewusst-wie
229 http://www.gartensaison.de/garten/kompostierung.htm
230 https://bit.ly/3pjEeIV
231 https://www.plantura.garden/gartentipps/gartenpraxis/komposthaufen-was-sind-vorteile-wie-
funktioniert-er
232 https://www.spiegel.de/wissenschaft/mensch/veganer-sparen-jaehrlich-zwei-tonnen-treibhaus-
gase-a-1264577.html
233 https://globalmagazin.eu/themen/kultur/beim-einkaufen-an-die-umwelt-denken/
234 https://globalmagazin.eu/themen/klima/demitarier-so-schuetzt-der-speiseplan-das-klima/
235 https://www.vegpool.de/magazin/gruende-gegen-veggie-day.html
236 https://god.fish/2019/04/06/was-wuerde-ein-veggie-day-pro-woche-bringen/
237 https://www.zeit.de/wissen/umwelt/2020-05/lockdown-co2-ausstoss-rueckgang-corona-pandemie
238 https://www.theguardian.com/environment/2021/mar/03/global-lockdown-every-two-years-nee-
ded-to-meet-paris-co2-goals-study
239 https://www.express.de/bonn/klima-killer-pendlerverkehr-bonner-wissenschaftler-mit-alarmie-
render-co2-studie-37419578?cb=1622991074103
240 https://bit.ly/3wZ3GpE
241 https://www.destatis.de/DE/Themen/Arbeit/Arbeitsmarkt/Erwerbstaetigkeit/im-Fokus-Pendler.html
242 https://www.zeit.de/mobilitaet/2017-09/pendler-berufspendler-arbeit-zahl-des-tages
243 https://www.adac.de/verkehr/verkehrssicherheit/unterwegs/pendler/
244 https://www.spiegel.de/auto/aktuell/fahrgemeinschaften-fuer-berufspendler-a-833610.html
245 https://www.umweltbundesamt.de/umwelttipps-fuer-den-alltag/mobilitaet/fahrgemeinschaf-
ten#gewusst-wie
246 https://bit.ly/3vYbY13
247 https://www.jetzt.de/umwelt/klimaschutz-und-digitalisierung-ein-konflikt
248 https://de.rt.com/gesellschaft/118569-runterladen-statt-streamen-umweltschutzer-uber/
249 ebenda
250 https://www.pik-potsdam.de/de/aktuelles/nachrichten/archiv/2008/klimaschutz-ist-artenschutz
251 https://globalmagazin.com/mehr-gruen-in-den-staedten/
252 https://ec.europa.eu/environment/pubs/pdf/factsheets/Nature%20and%20Climate%20Change/Na-
ture%20and%20Climate%20Change_DE.pdf
253 https://www.bmu.de/ziek/klimaschutz-im-einkaufskorb/
254 https://www.umweltbundesamt.de/sites/default/files/medien/1410/publikationen/
171206_uba_fb_gruneprodukte_bf_low.pdf
255 https://label-online.de/
256 https://www.umweltbundesamt.de/sites/default/files/medien/378/publikationen/
klimaneutral_leben_4.pdf
257 https://www.n-tv.de/politik/Merkel-will-Verhaltensaenderungen-von-allen-article22555942.html
258 https://www.klimabildung-hessen.de/vorbeugung-nach-dem-vorbild-der-natur.html
259 https://www.umweltbundesamt.de/sites/default/files/medien/656/dokumente/5_uba-dialog_
naturschutz_naumann.pdf
260 https://www.umweltbundesamt.de/umwelttipps-fuer-den-alltag/garten-
freizeit/urlaubsreisen#hintergrund
261 https://www.wissenschaft.de/umwelt-natur/garten-als-klimahelfer/
262 https://www.bundesregierung.de/resource/blob/975226/1679914/
e01d6bd855f09bf05cf7498e06d0a3ff/2019-10-09-klima-massnahmen-data.pdf
263 https://www.bibleserver.com/LUT/1.Mose1
264 https://de.statista.com/statistik/daten/studie/2275/umfrage/hoehe-der-co2-emissionen-in-
deutschland-seit-1990/
265 https://journals.plos.org/plosone/article?id=10.1371%2Fjournal.pone.0181301
266 https://utopia.de/ratgeber/hundekotbeutel-gibt-es-eine-nachhaltige-variante/
267 David de Rothschild: Global Warming Survival Handbook, a.a.O.
268 Vergleiche ebenda und: https://umrechner.info/Pound-Kilogramm
269 https://www.seasteading.org/
270 https://globalmagazin.eu/themen/wirtschaft/weltweit-erste-schwimmende-viehfarm-in-holland/
271 ebenda

194   Anmerkungen

272 https://globalmagazin.com/dramatischer-eis-verlust-auf-der-erde/
273 https://globalmagazin.eu/themen/klima/pro-grad-celsius-steigt-meeresspiegel-um-23-meter-an/
274 https://www.unesco.de/newsletter/2580/weltwasserbericht-2019-grosse-ungleichheiten-beim-
    zugang-zu-wasser-sperrfrist-19
275 https://www.zdf.de/nachrichten/politik/schulze-wassermangel-verteilung-100.html
276 https://www.energiesparen-im-haushalt.de/energie/bauen-und-modernisieren/hausbau-regene-
    rative-energie/energiebewusst-bauen-wohnen/hausbau-wasser-haus/grauwasser-nutzen.html
277 https://bit.ly/3v8QwFl
278 https://www.welt.de/vermischtes/article204826718/Zweite-Erde-Nasa-entdeckt-potenziell-be-
    wohnbaren-Planeten.html
279 https://www.bernd-leitenberger.de/blog/2019/07/21/was-kostete-apollo-wirklich-und-wie-viel-
    ist-das-heute/
280 https://de.wikipedia.org/wiki/Weltraumm%C3%BCll
281 https://globalmagazin.com/esa-raeumt-im-orbit-auf/
282 https://www.faz.net/aktuell/wissen/weltraum/wie-der-klimawandel-die-raumfahrt-gefaehrdet-
    17356967.html
283 https://www.die-bibel.de/bibeln/online-bibeln/lesen/GNB/GEN.6/Genesis-6
284 https://www.scinexx.de/dossier/arche-noah-2-0/
285 https://www.bfn.de/themen/klimawandel-und-biodiversitaet.html
286 https://globalmagazin.com/vogel-kollisionen-mit-windraedern-mindern/
287 https://www.umweltbundesamt.de/umwelttipps-fuer-den-alltag/garten-freizeit/kompost-eigen-
    kompostierung#gewusst-wie
288 https://epea.com/en/about-us/cradle-to-cradle
289 https://de.statista.com/statistik/daten/studie/167099/umfrage/weltproduktion-von-kunststoff-
    seit-1950/
290 https://www.sciencedirect.com/science/article/pii/S0160412020322297#f0015
291 https://www.ifeu.de/themen/biomasse/landwende/landnutzung-und-landnutzungsaenderung/
292 https://www.boelw.de/themen/pflanze/gesundheit/artikel/umfassende-studie-system-oekoland-
    bau-ist-klarer-punktsieger-bei-umwelt-und-ressourcenschutz/
293 https://www.quarks.de/umwelt/faq-so-viel-wasser-gibt-es-auf-der-erde/
294 https://de.wikipedia.org/wiki/%C3%9Cbereinkommen_von_Paris
295 https://ec.europa.eu/clima/policies/international/negotiations/paris_de
296 https://de.wikipedia.org/wiki/%C3%96lf%C3%B6rdermaximum
297 https://www.zdf.de/nachrichten/panorama/amazonas-regenwald-co2-klima-100.html
298 https://de.wikipedia.org/wiki/Earth_Overshoot_Day
299 https://www.bmz.de/de/agenda-2030
300 https://globalmagazin.eu/themen/klima/risiken-von-co2-speichern-im-erdboden/
301 https://globalmagazin.eu/themen/wirtschaft/sharing-statt-shopping/
302 https://bit.ly/3gtidDk
303 https://www.umweltbundesamt.de/themen/klima-energie/internationale-eu-klimapolitik/klima-
    rahmenkonvention-der-vereinten-nationen-unfccc
304 Vergleiche: Benjamin von Brakel: Die Natur auf der Flucht, Heyne, 2021
305 https://koppundkluepfel.de/wie-viele-baumarten-gibt-es-in-deutschland/
306 https://bit.ly/3iJ0F9f
307 https://www.umweltbundesamt.de/umwelttipps-fuer-den-alltag/mobilitaet/bus-bahn-fahren#ge-
    wusst-wie

LEXIKON

Von A wie Abgas bis Z wie Zwei-Grad-Ziel

Abgas

Gasförmiges Produkt einer chemischen Reaktion (hier: meist der Verbrennung fossiler Rohstoffe), das in die Luft entweichen, in der Atmosphäre weiterwirken und dort etwa den Treibhauseffekt verstärken kann.

Aerosol

Gemisch aus festen und/oder flüssigen Schwebeteilchen, das in der Atmosphäre als Kristallisationspunkt wirkt oder dort mit anderen Stoffen reagiert.

Antarktis

Kontinent am Südpol der Erde. Heute (noch) weitgehend mit Eis bedeckt, das durch den Klimawandel aber rasch schmilzt und damit den Meeresspiegel steigen lässt.

Atmosphäre

(Gasförmige) Isolierschicht der Erde zum Weltall. Sie schützt den Planeten gegen Einflüsse aus dem Orbit (Strahlung) oder gegen ein Auskühlen, das Leben auf der Erde unmöglich machen könnte. Verändert sich ihre Zusammensetzung, kann das weitreichende Folgen für das Leben auf dem Globus haben. Die Atmosphäre war schon immer wandelbar – zurzeit aber provoziert der Mensch Veränderungen in unheilvollem Tempo, an die sich Naturprozesse nicht schnell genug anpassen können.

Atomkraft

Energiegewinnung aus der Atomkernspaltung. Dabei entsteht radioaktive Strahlung, die gesundheitsschädliche Folgen bewirken kann.

Arktis

Das (noch) vereiste Gebiet im Nordpolarmeer sowie die nördlichsten Teile Amerikas, Asiens und Europas sind vom Klimawandel stark betroffen. Das Abschmelzen des Eises verstärkt den Klimawandel zusätzlich, da

Wasser Sonnenenergie absorbiert, statt wie Eis zu reflektieren. Das Erwärmen des Wassers verändert zudem die Ozeanströmungen.

Automobil

Am Ende des 19. Jahrhunderts konstruiertes selbstfahrendes Vehikel, das meist durch die Verbrennung fossiler Energierohstoffe angetrieben wird und daher zum Klimawandel beiträgt.

Bauer und Bäuerin

Auch Landwirte genannt. Sie beackern Felder, um Nahrung für Menschen und Tiere zu erzeugen.

Biotop

Lebensraum für Tiere und Pflanzen, in dem alle Teile voneinander abhängen. Deshalb wirken sich Störungen in diesen komplexen Systemen in der Regel auch an anderen, nicht beabsichtigten Stellen schädlich aus. Viele Biotope sind durch die steigenden Temperaturen auf der Erde einer solchen Veränderung ausgesetzt. Kommen die dort lebenden Arten mit der Anpassung nicht rasch genug nach, müssen sie in neue Biotope umziehen, wo sie ähnliche Bedingungen finden. Gelingt das nicht, droht ihnen das Aussterben.

Boden

Der Lebensraum unter unseren Füßen. Dort tummeln sich Milliarden Kleinstlebewesen, die ihn beständig umwandeln. Durch immer neue Verkehrswege, Häuser und Industriestandorte ist der Boden heute eine „bedrohte Art". Der Mensch versiegelt ihn nach und nach, er geht als lebendiger Lebensraum verloren.

Braunkohle

Bräunlich-schwarzes, meist lockeres Sedimentgestein. Es entstand aus organischem Material und gilt neben Steinkohle, Erdöl und Erdgas als fossiler Energieträger. In Deutschland darf sie laut Kohle-Ausstiegsbeschluss der Regierung nur noch bis 2038 verstromt werden.

Carbon

Englische Bezeichnung für Kohlenstoff.

CCS *(Carbon Capture and Storage)*

Technische Methode, die Kohlendioxid aus Abgas von Verbrennungsanlagen filtert, um es dann – meist in unterirdischen Speichern – zu bunkern oder aber als Rohstoff etwa für chemische Reaktionen weiterzuverwenden.

CO_2

Chemische Bezeichnung für Kohlendioxid. Das Gas ist einer der Hauptbestandteile der für den Klimawandel verantwortlichen Treibhausgase. Es entsteht mehrheitlich bei der Verbrennung kohlenstoffhaltiger Ressourcen.

CO_2-Rechner

Methode zur Berechnung des Werts der Treibhausgas-Belastung. Sie bietet eine gute und einfache Möglichkeit, den jeweils eigenen Anteil am Klimawandel zu bestimmen und vermittelt so einen Anstoß, diesen zu minimieren.

Dämmen

Energiesparmaßnahme: Durch Dämmen können Energieverluste etwa an Häusern oder Leitungen verringert und die Effizienz von Anlagen wie Heizungen verbessert werden.

E10

Kraftstoff (Benzin), in den zwischen 5 und 10 Prozent Bioethanol vermischt sind, was bei der Verbrennung den Ausstoß von CO_2 schmälert und den Kraftstoff klimafreundlicher macht.

EEG *(Erneuerbare-Energien-Gesetz)*

Im Jahr 2000 eingeführte Regelung, mit dem der Aufbau nachhaltiger Energieproduktion durch staatliche Förderung vorangetrieben werden soll. Heute legt es einen Zielkorridor fest, wie hoch der Anteil der Öko-Energie bis zu welchem Jahr steigen soll, um bis 2050 klimaneutralen Strom in Deutschland zu garantieren.

Effizienz (und Effektivität)

Effizienz bemisst ein Ergebnis in Relation zum dafür benötigten Aufwand. Effektivität bemisst das Ergebnis in Bezug auf das gesteckte Ziel.

Eisschmelze (siehe auch Polkappen)

Das von den (durch den Klimawandel angetrieben) höheren Temperaturen verursachte Abschmelzen der Gletscher und Eisschilde auf Bergen oder an den Polen der Erde.

Energie

Energie ist eine physikalische Größe, die als Wärme, Arbeit oder Strahlung abgegeben werden kann. Dabei gilt: In einem geschlossenen System bleibt die Gesamtenergie stets erhalten, sie ändert nur ihre Form.

Energiewende

Politischer Begriff zur Beschreibung einer neuen Art der Energienutzung. Zur Energiewende zählt die Transformation der Nutzung von fossilen Ressourcen zu nachhaltigen Energieformen, die kein Treibhausgas bei ihrer Produktion freisetzen.

Emissionshandel

Der Emissionshandel soll als Steuerung in der Klimaschutzpolitik die Gesamtbelastung durch Treibhausgase zu reduzieren helfen. Institutionen kaufen bzw. verkaufen dabei Zertifikate, die ihnen Rechte an der Verschmutzung der Atmosphäre einräumen. Durch die sukzessive Verringerung der Zertifikate und durch die Mechanismen des Markts soll nach und nach ein klimaschützender Effekt eintreten, indem die Zertifikate teurer werden.

Erdöl

Ein aus Kohlenwasserstoffen bestehendes Gemisch, das durch Umwandlung organischer Substanzen unter Druck in der oberen Erdkruste entstand. Es dient als Treibstoff der Industriegesellschaft, verursacht bei seiner Verbrennung jedoch Treibhausgase – vor allem CO_2 – und befeuert damit den Klimawandel. Wissenschaftler gehen davon aus, dass der Zenit der Ölförderung bereits überschritten ist oder aber kurz bevorsteht. Im Zuge des Klimaschutzes gilt zudem der Ausstieg aus der Verbrennung fossiler Rohstoffe als unumgänglich. (→ Kohle)

Ernährung

Grundbedürfnis aller Lebewesen. Sie dient der Energiezufuhr des Organismus.

Fahrrad

Gerät zur Fortbewegung, das in der Regel durch Muskelkraft und daher klimaneutral betrieben ist. Neuerdings auch vermehrt mit einem Elektromotor ausgestattet. Er ersetzt menschliche Kraft, erleichtert die Nutzung des Rads damit für manche Menschen und für den Transport von Lasten. Allerdings fährt das Elektrorad nur mit Ökostrom klimaneutral.

FCKW

Fluorchlorkohlenwasserstoffe sind eine chemische Stoffklasse. Sie werden als Treib-, Schmier- und Kältemittel eingesetzt. FCKW in der Atmosphäre sind verantwortlich für den Abbau der Ozonschicht, was zum verstärkten Eindringen von UV-Strahlung mit der Gefahr von Hautkrebs-Erkrankungen führt. Außerdem wirken sie als Treibhausgas. Das Montrealer Protokoll von 1987 führte zum Ersatz von FCKW bei vielen Anwendungen und zum starken Rückgang seiner Freisetzung. Es gilt als Musterbeispiel erfolgreicher Klimaschutz- und Umwelt-Politik.

Feinstaub

Feinstaubpartikel sind so klein, dass sie lange Zeit in der Luft schweben. Atmen wir sie ein, können sie Lungenbeschwerden und andere Krankheiten auslösen. Die Partikel haben einen Durchmesser zwischen 0,1 und 10

Mikrometer. Sie stammen in der Regel aus Verbrennungsprozessen (Motoren, Heizungen etc.).

Fernreisen

Sie werden normalerweise wegen ihrer weiten Distanzen, die es dabei zu überwinden gilt, mit dem Flugzeug absolviert und sind eine der Hauptquellen für den Treibhausgas-Ausstoß im Flug- und Reiseverkehr. Das Problem dabei ist (auch), dass die Treibhausgase dabei in großen Höhen in die Atmosphäre gelangen, wo sie wegen der geringeren Dichte der Schicht ihre klimaschädliche Wirkung potenzieren.

Fleisch

Zum Verzehr geeignete Teile getöteter, tierischer Körper, welche die Esser mit Proteinen und Fett versorgen. Als Bestandteil der Ernährung ist Fleisch aus Sicht des Klimaschutzes problematisch, da für dessen Erzeugung viel mehr Energie, Wasser und Fläche nötig ist als bei einer rein pflanzlichen Ernährungsweise.

Fracking

Umstrittene Form der Energieressourcen-Extraktion aus der Erdkruste. Unter hohem Druck und mit Verwendung für die Umwelt problematischer Chemikalien wird dabei Wasser in Hohlräume unter dem Boden gepresst. Es löst in Gesteinsschichten eingeschlossenes Gas und Erdöl, das mit dem Wasser herausgepumpt und aufbereitet werden kann. Die Methode hinterlässt große Schäden an der Umwelt und an der Gesundheit von Anwohnenden. (→ Ölsand)

Fußabdruck

Er beziffert den Wert, in welchem Maß ein Verhalten der Umwelt oder dem Klima schadet. Der Klima-Fußabdruck versucht zu berechnen, wie viel CO_2-Äquivalente bei einer definierten Handlung (Reise, Nahrung, Konsum etc.) entstehen, und macht diese vergleichbar. Er liefert zudem Hinweise für alle, die ihre Lebensweise in eine Richtung ändern wollen, die ein bestimmtes Gut – hier: das Klima – besser bewahrt.

Gas

Dritter Aggregatzustand neben fest und flüssig. Flüssige Stoffe können unter jeweils typischen, bestimmten Bedingungen verdampfen. Wenn Gase – unter Druck oder absinkenden Temperaturen – kondensieren, werden sie zu Flüssigkeiten.

Glasgow

Bei der nun schon 26. Weltklimakonferenz (COP26) sollte besprochen werden, wie die Beschlüsse von Paris 2015 in konkretes Handeln münden können. Das Echo über die Ergebnisse war gespalten. Immerhin wurde in Glasgow der Ausstieg aus der Kohleverstromung weltweit anerkannt oder Finanzierungshilfen der reicheren für ärmere Länder zum Klimaschutz vereinbart.

Gletscher

Eismassen, die große Mengen gefrorenen Wassers binden. Sie sind in großen Höhen auf Bergen zu finden oder an den weniger von der Sonne gewärmten Polen des Globus. Das Eis der Gletscher bindet zwei Drittel des Süßwassers der Erde. Da nur 2,5 Prozent des Wassers auf der Erde Süßwasser ist, ist die Gletscherschmelze eine dramatische Bedrohung.

Green Deal

Im Dezember 2019 von der EU-Kommission gestartetes Programm, das Europa bis 2050 klimaneutral – ohne Treibhausgas-Ausstoß – machen soll. Zentrales Element zur Erreichung des Ziels soll der Aufbau einer Kreislaufwirtschaft sein, die unnötige Energienutzung verhindern und den Umstieg auf nachhaltige Quellen einleiten soll.

Heizung

Gerät zum Erzeugen von Wärme, vor allem in Wohn- oder Arbeitsräumen. Heizungen belasten heute das Klima mit am meisten, da sie überwiegend noch immer fossile Träger nutzen und damit Treibhausgase verursachen.

Hitzewelle

Perioden mit überhohen Temperaturen. Solche Hitzewellen mehren sich mit Fortschreiten des Klimawandels. Sie schädigen das Pflanzenwachstum und gefährden Ernten und Ernährung. Sie belasten den Organismus und fordern Todesopfer auch unter Menschen.

Holz

Nachwachsender Rohstoff, der während seines Pflanzenwachstums CO_2 einlagert und für die Dauer seiner Nutzung bindet. Erst seine Verrottung und Verbrennung setzt das Treibhausgas wieder frei. Als Baustoff zählt Holz daher als klimafreundlich, da etwa Beton bei seiner Produktion massiv Treibhausgas erzeugt.

Humus

Ist ein Naturdünger: Als biochemisches Zersetzungsprodukt der organischen Masse im Boden macht er deren Wert und Substanz für Pflanzen nutzbar. Humus erspart Kunstdünger, der seinerseits meist auf Basis von Erdöl und unter Energieeinsatz produziert werden muss. Er schützt also das Klima quasi doppelt.

Hurrikan (in Asien: Zyklon oder Taifun)

Tropischer Wirbelsturm, der durch Winde und Überflutungen große Verwüstungen anrichten kann. Hurrikane entstehen, wenn über stark erwärmtem Wasser die Luft in große Höhen steigt und dort mit der Feuchtigkeit in kalter Umgebung riesige Wolken bildet. Unterschiedliche Druckverhältnisse können zur Verwirbelung führen.

Insel (→ Südsee)

Land oberhalb des Meeresspiegels. Vor allem in der Südsee sind mittlerweile durch die steigenden Ozeanpegel einige kleinere Eilande und Atolle stark von Überflutungen bedroht, sodass dort erste Migrationswellen bevorstehen.

Immission

Das Umweltrecht bezeichnet damit die eventuell störenden Einflüsse etwa von Gefahrstoffen, Lärm, Schmutz oder auch Strahlung auf eine Region oder ein Medium. Grenzwerte regeln die maximal zulässigen Mengen der Einwirkungen etwa von Gasen, Dämpfen, Gerüchen, Rauch, Ruß, Wärme, Geräuschen oder Erschütterungen.

IPCC *(Intergovernmental Panel on Climate Change)*

Der Weltklimarat ist ein von der UNO initiiertes Wissenschafts- und Beratergremium, das die Klimaschutz-Expertise versammelt und Studien auswertet, um den Einfluss der sich wandelnden Temperaturen auf der Erde möglichst genau zu prognostizieren. Der IPCC entwickelt daraus Empfehlungen für die Politik, wie diese reagieren kann.

Johannisburg 2002

20.000 Delegierte aus Politik, Wissenschaft und von Nichtregierungsorganisationen (Nongovernmental Organizations, NGO) kamen 2002 in Johannisburg (Südafrika) zusammen, um über eine nachhaltige Entwicklung auf der Erde zu beraten. Zehn Jahre nach dem Weltgipfel von Rio de Janeiro (Brasilien) wollten sie den Startschuss für eine neue Welt geben. Sie stießen damit immerhin viele Projekte zum Artenschutz oder auch zum Klimaschutz an.

Joint Implementation

Der Begriff meint eine gemeinschaftliche Reduktion von Treibhausgasen. Er basiert auf der Klimakonferenz von Kyoto und dem Artikel 6 des dort verabschiedeten Protokolls. Dieser regelt, wie Unternehmen oder ein reicheres Industrieland durch finanzielle Unterstützung eines Partners in einem ärmeren Land dessen Anstrengungen fördert und finanziert, damit beide unter dem Strich Positives für den Schutz des Klimas erreichen.

Kipppunkt

Als *Tipping Point* bezeichnen die Klimawissenschaften jene Momente, an denen zuvor gradlinige und damit gut berechenbare Entwicklungen etwa durch Rückkoppelungen ihre Dynamik wechseln und unumkehrbar werden können. Solche Kipppunkte sehen die Forscherinnen und Forscher etwa beim Abschmelzen des Polareises bald gekommen. Denn ohne die reflektierende helle Eisfläche absorbiert das dunklere Meerwasser mehr Sonnenenergie, und die Erwärmung steigert sich zusätzlich.

Klima

Als Klima bezeichnen Wissenschaftler die durch meteorologische Messungen ermittelten Durchschnittswerte über definierte Zeiträume – im Unterschied zum → Wetter: Darunter fassen sie den kurzfristigen Zustand der Atmosphäre und dessen Wirkung auf der Erde zusammen.

Klimakonferenz

Seit der ersten Weltklimakonferenz 1995 in Berlin gab es bislang 26 jährliche Treffen von Politik, Wissenschaft und NGOs bei so genannten Vertragsstaatenkonferenzen (*Conference of the Parties, COP*), bei denen manchmal mehre Tausend Teilnehmer nach Maßnahmen zur Verbesserung des Klimaschutzes suchten und tagelang darüber debattierten. Die COP 26 von → Glasgow wurde wegen der Corona-Pandemie – erstmals in der Geschichte der Klimakonferenzen – auf November 2021 vertagt. Das sahen viele als Rückschlag im Klimaschutz, aber es wurde auf der COP 26 eine Bilanz des Pariser Vertrags gezogen.

Klimaschutz

Unter diesem Begriff werden alle Maßnahmen gegen den von Menschen befeuerten Klimawandel gerechnet.

Klimavertrag

Verbindliche Vereinbarung zum Schutz des Klimas auf der Erde. Die bedeutendste ist die von 195 Staaten unterzeichnete Vereinbarung von Paris (2015). Sie löst das 1997 in Kyoto geschlossene Protokoll ab und schreibt Vorgaben fest, die sich die Staaten selbst auferlegten. Deren Einhaltung müssen die Staaten in regelmäßigen Abständen belegen.

Kohle (Steinkohle)

Fossiler Energieträger (→ Erdöl), der unter der Erde aufgrund von Druck und Hitze aus ursprünglich organischem Material zu einem Sediment verdichtet wurde. Bei seiner Verbrennung setzt er die in ihm gespeicherte Energie frei, produziert dabei aber gleichzeitig neben enormen Mengen Staub vor allem Kohlendioxid, das in der Atmosphäre als Treibhausgas wirkt. Bis 2038 will Deutschland daher aus der Kohleverstromung aussteigen. (→ Braunkohle)

Kompost

Kompost ist ein natürlicher Dünger und Bodenverbesserer. Er ist das Zersetzungsprodukt organischer Abfälle und hilft im Boden beim Aufbau von Humus. Auch hier jedoch gilt (laut *Umweltbundesamt*): Zu viel ist ungesund, weil Sie sonst zu viele Nährstoffe in den Boden bringen.[287]

Konsum

Mitentscheidender Faktor für gelingenden Klimaschutz. Unser Wille nach „immer mehr" nämlich ist einer der wichtigsten Treiber für den ausufernden und die Grenzen des Möglichen immer häufiger sprengenden Vorwärtsdrangs in der Wirtschaft. Er fördert den Ressourcen-, Wasser- und Energieverbrauch und häuft Müllberge auf, bei deren Beseitigung wiederum Rohstoffe eingesetzt werden müssen.

Kraft-Wärme-Koppelung

Die doppelte Ausbeute aus eingesetzter Energie durch die Nutzung von Kraft und Wärme ist eine der effizientesten Arten, wertvolle Ressourcen zu schonen und pro nutzbarer Energieeinheit möglichst wenig Treibhausgase zu erzeugen.

Kraftwerk

Anlage, die Brennstoff oder mechanische Energie in Strom wandelt.

Kreislaufwirtschaft

Versuch einer Ökonomie, die durch intelligente Wiederverwertung aus den ursprünglich eingesetzten Ressourcen das optimale Ergebnis erzielt (Effektivität vor Effizienz). Die konsequenteste Variante ist das Modell des *Cradle-to-Cradle*[288]. Es ist eine Form der Kreislaufwirtschaft, bei der alle Materialien so beschaffen sein sollen, dass sie der Natur am Ende ihres Gebrauchs wieder als Nährstoff zugute kommen und technische Materialien ausschießlich im geschlossenen System zirkulieren. Sie gewinnt immer mehr Anhänger.

Kunststoff (auch: Plastik)

Materialien aus Makromolekülen, meist auf Kohlenstoffbasis, für deren Synthese als Basis Erdöl bzw. neuerdings auch biobasierte, nachwachsende Ressourcen dienen. Plastik hat den Vorteil, dass es relativ günstig und je nach definiertem Anspruch gezielt produziert werden kann. Das sorgte für seinen weltweiten Einsatz: 2019 wurden knapp 370 Millionen Tonnen produziert[289]. Die Folge dieser Massenproduktion: Kunststoffmüll verschmutzt die Meere und die Böden und ist sogar im Körper von Menschen nachweisbar[290].

Kyoto-Protokoll

Der weltweit erste völkerrechtlich verbindliche Vertrag zur Eindämmung des Klimawandels – beschlossen 1997, seit 2005 in Kraft.

Lachgas (N_2O)

(→ S. 42)

Land Use Change (Landnutzung)

Ein die Menschheitsgeschichte begleitender Vorgang.

Im Laufe seiner Evolution hat der *Homo sapiens* seine Umgebung verändert, weil er sie nutzt und für seine Profitmaximierung modifiziert. Menschen roden Wald für Ackerflächen, versiegeln Boden zum Bau von Häusern, Fabriken und Straßen, sie leiten Gewässer um, ringen dem Meer Land ab, versetzen Berge, graben Tunnel und Bergwerke. All das verändert Ökosysteme, was allmählich an deren Belastungsgrenzen stößt und Folgeschäden (auch den Klimawandel) provoziert[291].

Landwirtschaft

Grundform – neben der Jagd – der Lebensmittelerzeugung, die seit nahezu 12.000 Jahren durch Ackerbau und Viehhaltung die Ernährung der Menschen sichert. Heute wird sie vielerorts im industriellen Maßstab betrieben, was einen (zu) hohen Einsatz von Energie oder Chemikalien erfordert und damit langfristig ihre natürliche Grundlage schädigt. Als Begründung nennen die Befürworter die große Anzahl der Menschen, die Nahrung wollen. Die Biolandwirtschaft hält dagegen, dass sie die Milliarden Menschen ebenfalls ernähren und zugleich die Natur sowie das Klima schützen kann[292].

Licht

Der sichtbare Anteil elektromagnetischer Strahlung. Die Physik rechnet auch die für Menschen nicht sichtbaren Spektralbereiche (Infrarot und Ultraviolett) dazu.

Meer (→ Versauerung)

71 Prozent der Erdoberfläche sind mit Meeren bedeckt. Sie enthalten etwa 1,4 Milliarden Kubikkilometer Wasser[293]. Das Wasser aber verschmutzen die Menschen zunehmend: mit Plastik, mit Abfall, mit Chemikalien, durch atomare Strahlung. Durch den Klimawandel erwärmt sich das Wasser und dehnt sich aus. Zudem absorbiert es große Mengen CO_2 aus der Luft, was zur allmählichen Versauerung führt. Das alles zerstört aquatische Lebensräume und bedroht die dort lebenden Organismen.

Methan

(→ S. 40)

Mobilität

Beweglichkeit: Heute verstehen wir darunter meist die Möglichkeit, sich fortzubewegen oder auch die Bereitschaft und Fähigkeit, beruflich oder in der Gesellschaft flexibel voranzukommen. Im Zusammenhang mit dem Klimawandel gewinnt Mobilität an Bedeutung, weil sie bislang meist verbunden war mit dem Antrieb von Fahrzeugen durch einen Verbrennungsmotor, der dabei Treibhausgas erzeugt. Deshalb ist Mobilität ein großer Faktor beim Schutz des Klimas.

Moor

Feuchtgebiet, in dem der Abbau organischer Substanzen behindert ist. Pflanzenreste werden zu Torf. Moore sind wichtige Speicher für CO_2 aus der Atmosphäre.

Müll

Reste unserer Produktion oder unseres Konsums, die wir nicht weiter verwerten (können) oder gebrauchen (wollen). Weil sie in Böden oder Gewässern oft Schadstoffe absondern, muss Müll aufwendig gelagert oder behandelt werden. Dazu braucht es erneut Energie. Eine Alternative ist das Recycling, bei dem die Wertstoffe im Müll aufbereitet und weiter genutzt werden. Das spart einen weiteren Abbau oft rarer Rohstoffe – und in der Regel Energie, wodurch das Klima entlastet wird.

N_2O (Lachgas)

(→ S. 42)

Natur

Damit bezeichnen wir alles Werden, das nicht aufgrund menschlicher Absicht entsteht. Im Sprachgebrauch meinen wir damit die natürlichen Erscheinungen auf der Erde: Wälder, Landschaften, Gewässer, Tier, Pflanzen etc. und ihre jeweiligen Beziehungen.

Naturschutz

Naturschutz widmet sich dem Erhalt von Natur und den Grundlagen für ihr möglichst ungestörtes Gedeihen. Dazu zählen der Schutz der genetischen Vielfalt aller Lebewesen und der Erhalt von Lebensräumen (wozu auch Klimaschutz zählt).

Niederschlag

Wasser, das in jeder seiner verschiedenen Formen (Nebel, Regen, Schnee, Graupel, Eis etc.) aus der Atmosphäre gemäß der Schwerkraft auf die Erde fällt.

Öl

(→ Erdöl)

Ölsand

Ein Gemisch aus Mineralöl- und Quarzkörnern sowie Wasser, aus dem mittels → Fracking Öl und Gas gewonnen wird.

Onshore/Offshore (Windenergie)

Bezeichnungen für die Standorte für Windkraftanlagen an Land (Onshore) oder im Meer (Offshore).

Ozean

Bezeichnung für die größten Meere auf dem Globus – abgeleitet aus dem altgriechischen Wort für „Weltstrom".

Pariser Vertrag (→ Vertrag)

Das in Paris 2015 von 195 Staaten der Erde verhandelte und unterzeichnete Rahmenabkommen zur Begrenzung der Erderwärmung auf „deutlich unter zwei Grad Celsius"[294] ist für die EU die „erste umfassende und rechtsverbindliche weltweite Klimaschutzvereinbarung"[295].

Peak Oil

Bezeichnet den Höhepunkt der weltweiten Erdöl-Fördermenge. Angelehnt an den 1972 publizierten Bericht an den *Club of Rome* (Grenzen des Wachstums) ist nach Meinung von Experten das Maximum aller endlichen Rohstoffe in absehbarer Zeit erreicht. Beim Öl soll dies noch in der ersten Hälfte des laufenden Jahrhunderts sein[296].

Permafrost

Dauerhaft gefrorener Boden. Er liegt in der Regel unter einer Schicht, die im Sommer (oberflächlich) auftaut. Teilweise kann Permafrost über Jahrtausende vereist sein. Taut er nun durch den Klimawandel doch auf, kann dies große Mengen dort gebundenes Methan freisetzen, das wiederum ein starkes Treibhausgas ist und den Wandel noch beschleunigt.

Photovoltaik

Anlage zur Umwandlung von Sonnenenergie in Strom. Noch allerdings ist selbst dieser Sonnenstrom nicht wirklich CO_2-frei. Die Herstellung, der Transport, die Montage der Anlage sowie die Rohstoffgewinnung des Siliciums brauchen noch Energie aus fossilen Quellen.

Polkappen

(→ Eisschmelze)

ppm *(parts per million)*

Maßangabe für die Verschmutzung der Luft. Sie sagt aus, wie viele Schadstoffteile auf eine Million Luft-Moleküle in einem bestimmten Raum vorhanden sind.

Quellen

(der Treibhausgase)

Treibhausgase haben selbstverständlich auch ganz natürliche Quellen. Zum Problem werden sie, wenn sie durch menschliches Handeln verursacht sind. Durch die massive Verbrennung fossiler Energieträger und den dadurch ausgelösten Anstieg von CO_2 aus diesen einst im Erdboden gebundenen Kohlenstoffen ist das eingespielte Gleichgewicht in der Atmosphäre aus der Balance geraten und löste den Klimawandel aus.

Rebound-Effekt

(→ S. 61)

Regenwald

Wälder in den Tropen galten wegen ihrer immensen Ausdehnung und Baumbestände als eines der wichtigsten CO_2-Speichergebiete der Erde. Neuere Studien zeigen, dass der Effekt sich umzudrehen scheint: „Aus dem Amazonas- Regenwald ist einer Studie zufolge im vergangenen Jahrzehnt fast 20 Prozent mehr CO_2 in die Atmosphäre gelangt als von der sogenannten grünen Lunge des Planeten aufgenommen werden konnte", berichtete im Frühjahr 2021 das *ZDF*[297]. Der Grund sind massive Abholzungen, die die Speicherfähigkeit reduzieren. Brandrodungen belasten die Atmosphäre zudem mit zuvor noch im Holz der Bäume gespeichertem CO_2.

Ressourcen

Rohstoffe oder Bodenschätze: Darunter verstehen wir die Vorräte, welche die Menschen nutzen, um Waren zu produzieren und Energie zu erzeugen. Spätestens seit Beginn der 1970 Jahre ist durch den *Club of Rome*-Bericht „Die Grenzen des Wachstums" die Endlichkeit der Ressourcen der Erde als Thema bekannt. Der ‚Erdüberlastungstag' (‚Earth Overshoot Day') gemahnt uns daher alljährlich daran, dass wir die Nutzung der Naturreserven überstrapazieren. Als Marke dient der Erdüberlastungstag: Datierte er 1970 noch auf den 29. Dezember, so fiel er 2019 bereits auf den 29. Juli, die Welt lebte also bereits fast eine Jahreshälfte lang auf Pump[298].

Rio de Janeiro

Die UN-Konferenz zu Umwelt und Entwicklung von Rio im Jahr 1992 wird oft als erster „Erdgipfel" bezeichnet. Dort legten Politiker, Wissenschaftler und Vertreter von NGOs den Grundstein auch für die heutigen Klimakonferenzen, die sich um mehr Klimaschutz bemühen.

SDG (Sustainable Development Goal)

Die Konferenz von Rio rückte mit der dort initiierten ‚Agenda 21' auch das Thema Entwicklungspolitik in den Fokus. 10 Jahre später in Johannesburg wurde unter dem Namen ‚Agenda 2030' der Fahrplan der UNO für nachhaltige Entwicklung debattiert[299]. Mit ihren 17 Zielen soll die Agenda bis zum Jahr 2030 Armut und Hunger beseitigen, für mehr Gleichberechtigung sorgen, besseren Gesundheitsschutz garantieren und das Klima schützen.

Senke

Als Senken bezeichnen Klimawissenschaftler und Klimapolitiker naturbelassene Gebiete auf dem Planeten, die mit ihren Ökosystemleistungen zur Reduktion von Treibhausgas in der Atmosphäre beitragen, indem sie CO_2 speichern. Zu den wichtigsten gehören Wälder, Moore, Ozeane und humusreiche Ackerböden. Sie zu erhalten und zu schützen ist ein wichtiger Beitrag zum Klimaschutz.

Sequestrierung

Der Begriff beschreibt die Speicherung von CO_2. Dieses kann auf natürlichem Wege geschehen: durch Aufforstung oder Moorvernässung. Oder durch technische Methoden, so durch: die Abscheidung oder das Auffangen von CO_2 aus der Luft und Einlagerung etwa in den Boden. Die als *Carbon Capture and Storage (CCS)* bezeichnete Methode ist nicht unumstritten, da bislang nicht wirklich erforscht ist, ob das in unterirdischen Hohlräumen gespeicherte Treibhausgas dort auch wirklich sicher verwahrt ist[300].

Sharing-Economy

Wirtschaftsmodell, das auf Nutzen statt Besitzen setzt. Es fordert, um überflüssigen Konsum abzubauen, das Teilen von Gebrauchsgegenständen – von der Bohrmaschine bis zum Auto, von der Kleidung bis zu Lebensmitteln[301]. Das Modell sieht langfristig ein Umdenken vor, das statt auf Kaufen eher auf Leihen setzt und so den Material- und Energieeinsatz drastisch zu reduzieren hilft – was direkt gegen den Klimawandel wirkt.

Solaranlage

(→ Photovoltaik)

Stern-Report

(→ S. 57)

Südsee

(→ Insel)

Temperatur

Maßeinheit für Wärme und Kälte. Im Zusammenhang mit dem Klimawandel sind steigende Temperaturen auf der Erde ein deutliches Zeichen für die bereits ablaufende Veränderung. Vor 4,5 Milliarden Jahren herrschten auf dem Planeten vermutlich Temperaturen von 180 °C. Die Kalt- und Warmzeiten wechselten zyklisch – jedoch nie in einem so rasanten Tempo wie seit dem Beginn der Industrialisierung. Seither befeuert die Verbrennung fossiler Ressourcen den Klimawandel.

Tiere

Mitgeschöpfe auf der Erde. Die Zahl ihrer verschiedenen Arten ist noch immer nicht genau bekannt. Schätzungen schwanken zwischen 5 und 50 Millionen. Genauso unglaublich klingt die Zahl der einzelnen Tiere, die insgesamt auf der Erde leben: eine Trillion – das ist eine Eins mit 18 Nullen[302].

United Nations Framework Convention on Climate Change (UNFCCC)

Das UN-Rahmenabkommen zum Klimaschutz trat 1994 in Kraft. Ausgehandelt wurde es 1992 in Rio. Ziel ist es, die Erderwärmung in Grenzen zu halten, um ein Leben auf der Erde, wie wir es heute kennen, auch weiterhin zu ermöglichen[303].

Vegetation

Summe aller Pflanzen und Pflanzenarten. Sie ist geprägt durch Klima, Boden, Relief, Gestein, Wasserhaushalt und durch die Einflüsse von Feuer, von Tieren und durch Menschen. Einflüsse, wie der vom Menschen initiierte Klimawandel machen es vielen Pflanzen schwer, in ihren Biotopen zu überleben, da sie nicht so einfach auswandern können wie Tiere. Wissenschaftler jedoch registrieren inzwischen, dass auch Pflanzenarten vor einem zu warmen Klima „davonlaufen"[304].

Verbrauch

Verlust, der durch Nutzung entsteht. Im Zusammenhang mit dem Thema Klimaschutz ist damit meist der Verbrauch von natürlichen Energie- und Materialressourcen gemeint, der durch die Endlichkeit der auf dem Planeten vorhandenen (Natur-)Schätze begrenzt ist und dem Verbrauch daher ebenfalls Grenzen setzt.

Verpackung

Umhüllung von Produkten. Zum Problem wird diese, wenn dafür Material verwendet wird, das nach der Nutzung langlebige oder nicht abbaubare Substanzen (die zudem für die Umwelt und Organismen gefährliche Inhalte freisetzen können) als Müll zurücklässt. Beispiel: Plastik. Es verschmutzt inzwischen jeden Winkel der Erde vom Mariannengraben bis auf den Gipfel des Mount Everest.

Versauerung

(→ Meer)

Vertrag

(→ Pariser Vertrag)

Viehhaltung

Für die Ernährung von Menschen bestimmte Produktions-Form der Landwirtschaft. Sie hat gravierende Auswirkungen auf die natürliche Umgebung. Viehhaltung hat einen großen Klima-Fußabdruck. (→ Landwirtschaft)

Wald

Regionen mit natürlich wachsenden oder angepflanzten Bäumen. Etwa 40,6 Millionen Quadratkilometer des Planeten sind bewaldet. Das entspricht etwa 31 Prozent der Landfläche der Erde. 51 von 90 Baumarten in Deutschland wachsen in Wäldern[305]. Wälder speichern CO_2. Sie lagern es im Holz der Bäume ein.

Wasser

Die Moleküle aus Sauerstoff (O_2) und Wasserstoff (H) gelten als wichtige Voraussetzung für die Entwicklung von Leben auf der Erde. Die insgesamt rund 1,4 Milliarden Kubikkilometer Wasser der Erde bedecken etwa zwei Drittel der Erdoberfläche – das meiste (96,5 Prozent) in Form des Salzwassers der Meere[306]. Wasserdampf in der Atmosphäre ist eine der wichtigsten unter den – natürlichen – Ursachen des Treibhauseffekts. Mit vom Menschen produzierten Verunreinigungen wie Methan kann er in großen Höhen reagieren und Rückkoppelungseffekte auslösen, deren Wirkungen teils noch unerforscht sind.

Wetter

Der kurzfristige (aktuelle) Zustand der Atmosphäre, der als Sonnenschein, Niederschlag, Hitze, Kälte, Wolken oder Wind spür- und messbar ist. (→ Klima)

Windenergie

Möglichkeit, die Energie der Winde in Strom zu wandeln. Als natürliche Quelle schadet sie dem Klima nicht. Umstritten ist Windenergie aus ästhetischer Sicht, wenn zu viele Rotoren das Landschaftsbild beeinträchtigen (können). Kritik an der Windkraftnutzung kommt auch von Artenschützern, da immer wieder Vögel oder Fledermäuse von Rotorblättern erschlagen werden. Auch der Lärm, den die Anlagen mit ihren Flügeln erzeugen, ist nicht unumstritten.

Zugfahrt

Eine der klimafreundlichsten Methoden des Reisens. Die *Deutsche Bahn* bezieht nach eigenen Aussagen bereits heute große Mengen an Ökostrom für ihre Lokomotiven, bis 2038 sollen dies 100 Prozent sein. Zudem bietet das Zugfahren auf kürzeren Strecken einen zeitlichen Vorteil. Laut *UBA* gilt: „Wer ein Jahr mit öffentlichen Verkehrsmitteln statt mit dem Auto zur Arbeit fährt, kann bei einer Entfernung von 25 Kilometern rund 3.700 Euro und rund 320 Kilogramm CO_2 sparen."[307]

Zwei-Grad-Ziel

Im Pariser Klimaschutzvertrag formuliertes Ziel, die Temperaturen auf der Erde bis zum Jahr 2100 durchschnittlich nicht höher als um 2 Grad Celsius gegenüber dem vorindustriellen Wert ansteigen zu lassen. (→ S. 55 (1,5 Grad-Ziel))

Abkürzungsverzeichnis

ADAC Allgemeiner deutscher Automobilclub

BfN Bundesamt für Naturschutz

BIP Bruttoinlandsprodukt

BMU Bundesumweltministerium .

BMWi Bundeswirtschaftsministerium

bpb Bundeszentrale für politische Bildung

Brot für die Welt Evangelische Entwicklungshilfeorganisation

BUND Bund für Umwelt und Naturschutz Deutschland

BzfE Bundeszentrum für Ernährung

C chemisches Zeichen für Kohlenstoff (Carbon)

°C Grad Celsius

CCS *Carbon Capture and Storage* (engl. Bezeichnung
für die Abscheidung und Speicherung von Kohlenstoff)

CDP *Carbon Disclosure Project* (NGO zur Erhebung von
Treibhausemissionen)

CIEL *Center for International Environmental Law*

Circular Economy engl. Bezeichnung für Kreislaufwirtschaft

CH_4 chemische Formel für Methan

Club of Rome Wissenschaftsvereinigung, zur Aufklärung über Nachhaltigkeit

CO_2 chemische Formel für Kohlendioxid

Cradle-to-Cradle (dt.: von der Wiege zur Wiege)
beschreibt einen ganzheitlichen Ansatz für eine
Kreislaufwirtschaft, die ohne Materialverlust
auskommt.

DBV Deutscher Bauernverband

E-Car Elektroauto

E-Scooter Elektroroller

EMPA Schweizerische Materialprüfungsanstalt

ESA Europäische Raumfahrtbehörde

EU Europäische Union

Fair Trade Vereinigung, die sich für faire Handels-
beziehungen einsetzt

FAO *UN Food and Agricultural Organisation*
(Welternährungsorganisation)

FFF *Fridays for Future*: (Jugend-)Bewegung für
konsequenten Klimaschutz

Finanztip Verbrauchermagazin der Stiftung Warentest
für Finanzprodukte

Fraunhofer Institut Forschungsinstitut der
Fraunhofer Gesellschaft

ISE Institut für Solare Energiesysteme in der
Fraunhofer Gesellschaft

GNH (Gross National Happiness) Prinzip aus Bhutan
zur Bestimmung der (wirtschaftlichen)
Leistung und Zufriedenheit der Menschen

Gold Standard Foundation Zertifizierungsstandard
zur Messung von Nachhaltigkeit

Heinrich Böll-Stiftung Partei-Stiftung der Grünen

Hygge in Dänemark praktiziertes Prinzip des
„guten Lebens"

ICE Intercity-Express

IFEU-Institut Institut für Energie und
Umweltforschung (Heidelberg)

IKEM Institut für Klimaschutz, Energie und
Mobilität e. V

IPCC Weltklimarat (*Intergovernmental Panel on
Climate Change*)

IT Abkürzung für Informationstechnologie

Justus Liebig der deutsche Chemiker u. Universitäts-
professor erkannte den Wert anorganischer
Salze für die Pflanzendüngung

KIT Karlsruher Institut für Technologie

Kwh Kilowattstunde

KWK Kraft-Wärme-Koppelung

LED *light emitting diode*: Halbleiter, der Licht in verschiedenen Farben ausstrahlen kann

MCC Mercator Research Institute for Global Commons and Climate Change

Misereor katholische Entwicklungshilfe-Organisation

MPI Max-Planck-Institut

Nature-Life-Stiftung Internationale Naturschutz-Stiftung

N_2O Distickstoffmonoxid (Lachgas)

Nabu Naturschutzbund Deutschlands

NASA US-Raumfahrtbehörde

NGO Nichtregierungsorganisation (Non Governmental Organization

Norwegian Refugee Council weltweit tätige Humanitäre Hilfs- und Friedensorganisation

Ökoinstitut Öko-Forschungsinstitut mit Sitz in Freiburg, Darmstadt und Berlin

ÖPNV Öffentlicher Personen Nahverkehr

Oxfam weltweit tätige Entwicklungshilfeorganisation

Peak-Oil Höhepunkt der Erdölproduktion

PIK Potsdam Institut für Klimaforschung

Pkw Personenkraftwagen

Plug&Play-Modul einfaches Solarmodul, das seinen Sonnenstrom direkt über eine Steckdose ins Netz des Verbrauchers einleitet

ppm Parts per Million (Teile pro Million): Maßeinheit

Rebound-Effekt Negativer Ausschlag: Er beschreibt, wie sich eine gut gemeinte Aktion in ihr Gegenteil verkehren kann

Rote Liste von der IUCN (UN-Artenschutz Organisation) aufgestellte Tabellen, in denen Tier- und Pflanzenarten gelistet sind, die gefährdet oder vom Aussterben bedroht sind

SDG Sustainable Development Goals: Entwicklungsziele der UN

Statista privatwirtschaftliche Agentur zur Erfassung und Verbreitung statistischer Daten

Thünen-Institut Johann Heinrich von Thünen-Institut ist das Bundesforschungsinstitut für Ländliche Räume, Wald u. Fischerei

TWh Terawattstunde, entspricht einer Milliarde Wattstunden

TWh/a Terawattstunde pro Jahr

UBA Umweltbundesamt

UN / UNO *United Nations*, Vereinte Nationen

UNEP *UN Environmental Programme*: UN Umweltorganisation

Unesco *United Nations Educational, Scientific and Cultural Organization* ist die UN Bildungs- und Kulturorganisation

US (USA) Vereinigte Staaten von Amerika

VCD Verkehrsclub von Deutschland (ökologischer Verkehrsclub)

WBGU Wissenschaftlicher Beirat der Bundesregierung Globale Umweltveränderungen

WMO Weltorganisation für Meteorologie

Wuppertal Institut für Klima, Umwelt, Energie Interdisziplinäres Forschungsinstitut

WWF *World Wildlife Fund For Nature* – Internationale Naturschutz-Stiftung

Zukunftinstitut Forschungsinstitut für Zukunftsfragen

Impressum

Bibliografische Information der Deutschen Nationalbibliothek Die Deutsche Nationalbibliothek ver-
zeichnet diese Publikation in der Deutschen National-
bibliografie; detaillierte bibliografische Daten sind im
Internet über http://dnb.d-nb.de abrufbar.

© Ellert & Richter Verlag GmbH, Hamburg 2022
ISBN 978-3-8319-0799-1

Cover: ©Chinnapong - stock.adobe.com
Text: Gerd Pfitzenmaier, Berlin
Lektorat: Dr. Clemens Heydenreich, Erlangen
Gestaltung: BrücknerAping, Büro für Gestaltung,
Bremen
Gesamtherstellung: CPI books GmbH, Leck

www.ellert-richter.de
www.facebook.com/EllertRichterVerlag